21天告别低效人生

〔美〕迈克尔·麦金托什 著 信任 译
(Michael Mackintosh)

天津出版传媒集团
天津科学技术出版社

著作权合同登记号：图字 02-2021-095

Translated and published by Beijing Standway Books Co., Ltd., with permission from TCK Publishing. This translated work is based on Get It Done: The 21-Day Mind Hack System to Double Your Productivity and Finish What You Start by Michael Mackintosh. © 2018 Michael Mackintosh. All Rights Reserved. TCK is not affiliated with Beijing Standway Books Co., Ltd., or responsible for the quality of this translated work. Translation arrangement managed by RussoRights, LLC and The Artemis Agency on behalf of TCK Publishing.

图书在版编目（CIP）数据

21 天告别低效人生 /（美）迈克尔·麦金托什著；信任译 . -- 天津：天津科学技术出版社，2021.10

书名原文：Get It Done : The 21-Day Mind Hack System to Double Your Productivity and Finish What You Start

ISBN 978-7-5576-9650-4

Ⅰ.① 2… Ⅱ.①迈… ②信… Ⅲ.①人生哲学－通俗读物 Ⅳ.① B821-49

中国版本图书馆 CIP 数据核字 (2021) 第 177922 号

21 天告别低效人生

21 TIAN GAOBIE DIXIAO RENSHENG

责任编辑：布亚楠

出　　版：	天津出版传媒集团 天津科学技术出版社
地　　址：	天津市西康路 35 号
邮政编码：	300051
电　　话：	(022) 23332695
网　　址：	www.tjkjcbs.com.cn
发　　行：	新华书店经销
印　　刷：	天津中印联印务有限公司

开本 880×1230　1/32　印张 7　字数 120 000
2021 年 10 月第 1 版第 1 次印刷
定价：45.00 元

前　言

> 大多数人都拥有两种生活，现实生活和内心渴求的生活，挡在二者之间的是抗拒心理。
>
> ——史蒂文·普莱斯菲尔德（Steven Pressfield）

写给谁看

本书写给那些肩负使命并致力改善世界的人们。我将他们称作"觉醒的创造家"，他们选择唤醒天赋并善用其天赋去做世上有意义的工作。

将想法变为现实并非易事，我们经常发现自己在拖延、推迟、打退堂鼓，还为自己找了种种听上去有理有据的借口：体力不支，一直在不间断工作，任务太多，等等。可是，这样不仅没有让我们获得想要的结果，反而造成重要事项的进度被不断拖延。其实我们内心十分清楚，如果专注于这些该做的重要事项，工作可能会更出色。

你是否也是这样的人呢?

这本书写给:

- 做事没有尽最大努力的人;
- 没有发挥最大潜力的人;
- 受够了为自己找各种借口的人;
- 渴望更多自由、收入和影响力的人;
- 渴望向世界展示内在的自我与渴望进步的人;
- 愿意改变并为此做出尝试的人。

最重要的是……
你已经准备好迎接挑战了!

一诺千金

  我相信你可以取得比现在高至少 2~16 倍的成就。要实现成就升级,你所需要做的就是充分展示自己的实力,专注于最重要的事情,不再浪费时间做无足轻重的小事。

  坚信自己拥有极其强大的力量,有重要的信息需要你来传达,有很多人的生活需要你去改变。一旦你将那些恼人的负面声音从大脑里清除出去,改掉无效的工作习惯,一步一步克服爱找借口的习惯,你将会卓有成效地、自由无畏地去创造、去行动,甚至获得一鸣惊人的结果。

今天可以成为彻底改变你一生的一天

这本书的目标是帮助你实现工作和生活中想要的结果。书中介绍了一些工具和思维方式,可以让你效率爆棚,并在 21 天之内将想法变为现实。

阅读并应用书中的原则,你将能够:

1. 完成停滞不前的项目;
2. 开始你一直在拖延的项目,在允许的条件下尽善尽美;
3. 实现项目转化(将项目从大脑、电脑里转化到现实世界中);
4. 通过做那些真正能创造财富的事获取更高的薪酬;
5. 在 21 天内实现生产力翻番。

阅读此书的意外收获:

1. 有更多时间放松、休整并获得新灵感;
2. 条理清晰、镇定自若地思考重要的事,摆脱不停"救火"(处理危机)的生活;
3. 结束无效的关系。

学会这些方法的你可以将它们运用到生活的方方面面:健

康、关系、精神生活和兴趣爱好。此外，你将有能力养成任何想要或需要的习惯。

我知道，很多听起来很好的想法和道理最后都以惨败告终。但这本书不同，你将学到的不是好听却对改变生活无益的想法，而是实践性很强且得到论证的工具和技巧。这些都是我从强大的领导者那里收集到的，他们使用这些工具和技巧，将自己的想法转化成了财富。

通过在我自己的生活中践行这些原则，我的身上发生了可谓神奇的变化：从一个长期拖延、穷困潦倒、饮酒度日的人变成了一位国际精神导师，多本畅销书作家，15个课程和项目的开发人，奥姆巴巧克力公司（OmBar Chocolate Company）、超级英雄训练营（Superhero Training）和唤醒学院（Awakened Academy）的联合创始人。与此同时，我还与我的一生挚爱在天堂般的考艾岛（Kauai）和充满阳光的塞多纳（Sedona）过着悠闲美好的生活。

所以，说这些办法有效是有理有据的，它们不仅对我有效，对千千万万践行过的学员们也同样有效。

要想扭转人生局面，我们需要解决一些对生活有百害而无一利的问题，如拖延、过度追求完美、犹豫不决、过度思考、被低价值事情分心。

一旦被拖延的魔掌控制，你就什么也做不了，只会将最重要的事无限期拖延下去,最终沦为平庸。更糟糕的是,每天醒来你都会觉得疲惫不堪,毫无生气与活力。

而通过践行书中的方法,你可以在21天里创造奇迹。当然,这21天总会过去,你也可以选择不做出改变,未来如何完全由你自己决定。

如果你准备好一举歼灭拖延症,那就一起来吧,来获得属于你的财富和影响力。

我们现在开始吧!

本书有何不同

市面上有无数可能会激发你的天赋、让你过上理想生活的励志书籍,但大多数书籍中并没有给出一个被证实有效的方法,可以帮助你真正克服实现目标的重重阻力。很多书籍可能会激励你做出行动,却没有告诉你如何脚踏实地、坚持不懈地进行下去。

就像一个推销员每天听着励志演讲去上班,白天用咖啡和心灵鸡汤激励自己,但下班后却又回到全是"衰人"[①]的酒吧,他们垂头丧气、满腹牢骚。

[①] 指生活和做事都很失败的人,常用于朋友间的玩笑话。

或像一个想成为作家的人,早上醒来打开手机,希望能获得一些新灵感,最后却将一天的时间花在了社交媒体或在网上"做研究"上。一天下来,要写的书一笔没动。

这些人缺少的不是动力或动机,而是一个已被证实有效的实践体系,将想法变为现实,从而获得想要的结果。动机固然很重要,但只有动机还不够。

我写这本书是为了提供一个循序渐进的系统,让你能够快速、持续地将想法付诸实践。你越是去使用和完善这套系统,它就会变得越强大,你的生活也将变得越来越美好。

若你已经确定人生和事业的方向,那么本书就像一架飞机,会尽可能快地把你带到目的地。从现在开始,你可以不再做梦,不再幻想,每一天大踏步走向美好的新生活,往心之所向逐步靠近,最终实现理想人生。

如何使用本书

读完本书,你将获得一个强大且已被证实的方法体系,可以帮助你显著提高工作效果,即充分调动你大脑里的想法并找到在21天内实现它的机会。

对大多数人来说,几个月甚至几年如白驹过隙,微不足道,日复一日,年复一年,人生并无任何大的改变。有了"21天挑战",你就可以将人生变成一场冒险。更确切地说,假如持续实践挑战,你将会把人生变成一系列小型的"21天冒险",将你的全部能量转化为具体成就,不达目的不罢休!一年后,你会发现自己已经有了很大进步,甚至会感觉像是到了另一个完全不同的世界。

一旦开始使用这些工具,你的每一天都会充满意义。每一天都将充满快速、有效地向目标和梦想靠近的机会。你做得越多,对自己和人生的感觉就越好。随着每天取得新成就,你的自信心会提升,从而激励你更加努力,让第二天变得更加美好。成功应用这些原则,你将打破停滞不前的恶性循环,实现成功、有趣、神奇、富有、美好和有影响力的良性循环。

你会从只能发挥10%潜力的人变成可以实现任何目标的人,就像将一辆破旧不堪、嘎吱作响的老爷车换成一架时速2000英里[①]的超高速飞机。你可能并不想飞得那么快,但知道你想快的时候可以做得到也无妨啊!

要想达到最佳效果,在正式开始"21天挑战"之前,你需要先通读本书,确保完全理解基本方法,然后让本书指导你开始第一个"21天挑战"。

[①] 1英里约为1.6千米。

本书共分为三部分

第一部分：让效率爆棚的 11 个思维技巧

在第一部分中，你将会学习 11 个有助于在短时间内将想法变为现实的重要心态和思维方式，让你从全新的角度看待人生，继而改变行动方式。

第二部分：21 天挑战（在最短时间内实现目标的方法体系）

在第二部分中，你将学习如何实践"21 天挑战"，这个强大且被证实有效的方法体系能够摧毁内心的抗拒和拖延，让你善始善终。但要让它起作用，需要你切实付诸实践且不跳过任何步骤。一旦坚持下来，该体系的作用效果会让你惊讶不已，并且它将变成你的第二天性。

第三部分：开始你的 21 天挑战

最后，理论终将结束，实践即将开始。在第三部分中，所有知识将串联起来，你也将准备迎接"21 天挑战"。此时，你需要将获得的所有理论转化为现实，开启一场通向成功的冒险旅程。

完成第一个"21 天挑战"后，你可以从头开始，完成第二个、第三个、第四个，让成功接踵而来，形成不可阻挡之势。

在本书结尾有一个快速索引表，列出了完成"21 天挑战"

所需记住的所有重要事项。使用这个索引表可以帮助你保持进度。

你需要花点时间熟悉本书的原理，并深入理解所有原则。掌握并应用每个原则，这对成功至关重要。

感谢你的使用

我想让你知道，我十分尊敬你，信任你。每每想到你可以在人生中创造奇迹，让世界更加美好，我内心便无比激动。

但我不会迎合或照顾拖你后腿的那部分"自我"。它只想做无足轻重的事，浪费时间、重复过去。只要你愿意尝试改变，践行此体系，便能取得接二连三的成功。

目 录
CONTENTS

第一部分　让效率爆棚的11个思维技巧

第一章　既然痛苦无法避免，长痛不如短痛 / 003

第二章　持续性的微小改变，将带来意想不到的全新蜕变 / 012

第三章　学会运用二八定律，用20%的努力换取80%的成果 / 016

第四章　不要把时间浪费在苛求完美上 / 024

第五章　管理你的精力，而不是时间 / 029

第六章　认清你的抗拒心理，粉碎它 / 041

第七章　绝大多数的恐惧，永远不会发生 / 045

第八章　只专注于一件事，坚持直到成功 / 052

第九章　与其花时间自我怀疑，不如立即去做 / 055

第十章　时间不等人，当下便是行动最好的开始 / 058

第十一章　不会休息的人，无法火力全开 / 060

第二部分　开启效率革命，从此所向披靡

第十二章　突破限制、享受挑战、高效休息，效率革命的
　　　　　三大关键 / 067

第十三章　突破限制1：深入分析你的目标 / 078

第十四章　突破限制2：制订一个强大的计划 / 088

第十五章　突破限制3：用"负责制"引爆行动力 / 096

第十六章　突破限制4：有效设定"负责制"的6个关键 / 102

第十七章　突破限制5：找到行动的有利条件 / 126

第十八章　突破限制6：整合你的行动计划 / 139

第十九章　享受挑战：21天见证奇迹般的改变 / 148

第二十章　高效休息：休息也需要仪式感 / 170

第二十一章　整体回顾，牢记效率革命的每个细节 / 175

第三部分 其他有益补充

第二十二章 让行动更清晰的模板 / 189

第二十三章 更多提高效率的强者技巧 / 195

第二十四章 结语:每个人都能成为自己的效率专家 / 197

致 谢 / 201

第一部分 让效率爆棚的11个思维技巧

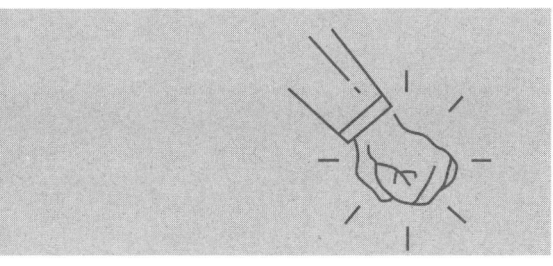

当你选择以轻松的方式生活时,生活会变得很艰难;但当你选择以艰难的方式生活时,生活会变得轻松起来。

——乔伊·波利什(Joe Polish)

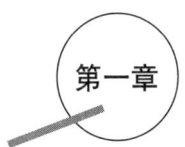 既然痛苦无法避免,长痛不如短痛

"痛苦是不可避免的,但如何面对痛苦是可以选择的。"

——佛陀

无往不胜的真正秘密

一直以来,我们都被外界灌输着各种关于人生和成就的荒谬思想。其中很多思想不仅漏洞百出,还在慢慢侵蚀我们的行动力,阻碍我们获取成功。因此,我们需要更新思想来看清现实并最终有所成就。一旦掌握这些新的思维模式,你就不会再以阻碍进步的虚假方式看世界了。很快你会认识到,呈现在我们眼前的世界并不是真实的世界。将思维设置为"成功模式"迫在眉睫。

关于如何成功,我们听过太多谎言,导致我们一直误以为,任何人都可以快速、容易地取得成功。但真相是:生活很美好,同时也很痛苦。痛苦会在某些时刻以各种方式降临到每个人身上,但痛苦如何影响我们,以及如何应对痛苦,则由我们自己决定。不过,可以确定的是,没人能够逃避痛苦。

不幸的是，我们被灌输了这样的错误思想：人们可以不走出舒适区或不用经历任何困难，就能得到想要的结果。这种想法让大多数人产生了不切实际的期望，但最终期望破灭，人们愤怒不已。

过去的二十多年，我见证了这些错误的思想在世人身上不断地出现。他们相信上节课或买本书，自己就可以神奇地实现升级，进而人生发生巨变。这种想法存在一个潜在误区，人们会以为，一旦我们了解了成功的秘密，就可以继续像以前一样生活，重复以前做的事，等待成功突然降临。换句话说，人们相信可以通过重复以前的生活而实现人生升级。没有人会公开承认自己的这些想法，但这些想法却一直根植于他们的脑海深处，成为他们实现成功的绊脚石。

人生的真相是，生活不像小说那样精彩。但如果你能接受真相，客观地看待人生，你的人生就会变成一场神奇的旅程。将想法变为现实并改变人生并不容易。如果容易的话，你早就做到并拥有一生所想了。但你没有……这也是你阅读本书的原因。

如果我们愿意百分之百坦诚的话，就会认识到真正、持久且积极的改变其实很少见，也很难实现的。这也是只有少数人能取得成功、发挥潜力的原因。大多数人表示想改变，但几年过去了，却没有任何改变。为什么很少有人真的发生改变呢？因为改变很难。改变发生时，我们需要强迫自己远离熟悉的旧习惯，养成新习惯。这时，我们通常会感到压力大、痛苦迷茫、不知所措。

随着改变地发生，我们将不断面对全新的领域、崭新的挑战，这些都会造成不适。为避免这些不适感，大多数人早早放弃，并找回旧有的习惯，即便这些习惯也会让他们感到不开心，但至少这些旧习惯是他们熟悉的。改变不容易，看看你自己尝试改变的足迹，我相信你会同意这一点。

> 但实际上没那么简单，不做出改变，人生也同样不易。

虽然改变很难，但因在乱七八糟的事情中止步不前，并不会让人生取得进展，甚至会让你感到难受。每天我们都在拖延该做的事，让潜力得不到释放。在这一过程中，我们也在逐渐死亡。每浪费一天，我们都会感到压抑、麻木和迷茫。当我们限制自己时，我们会感到生活哪里不对劲，似乎在不进反退，随着时间流逝，我们收获不了任何的意义和幸福感。

无论选择改变并提高自己，还是选择停滞不前，生活都不容易。无论如何选择，我们都会经历某些痛苦。

所以，这就是大多数人忽视的简单、朴素的真相：人生不易，无论怎样，我们都会感到某些不适和痛苦。即使选择逃避，苦难仍会降临到每个人身上，无论你多么成功或挣了很多钱都是如此。

明白了这个道理之后，接下来我们需要面对一个决定性的问题：该选择长痛还是短痛？

你会选择做无足轻重的小事，避免改变带来的痛苦，还是会选择迎难而上，挑战自己？

你会选择走熟悉且舒适的老路，还是会选择走未知的新路？

长痛：未体验过的人生

选择长痛，就意味着你试图避免当下的不适感，用其他事情让自己分心，并安于潜力未得到充分发挥的自己。选择长痛意味着逃离当下短期的痛苦，最后因未能实现人生使命而郁郁寡欢，敏感脆弱。

卡尔·荣格（Carl Jung）说过："神经官能症就是逃避人生真实痛苦的结果。"选择长痛时，也是如此。**大多数人认为人是惧怕死亡的，但其实我们只是惧怕活下去。**我们对人生充满恐惧。因此，我们拒绝真实地活着，拒绝与亲近的人进行艰难的谈话，因为这样会造成短期不适。后果就是未来的几年甚至几十年忍受不健康的关系。因为惧怕有人会不喜欢项目的结果，所以我们总在拖延，从此剥夺了自己获得成功和取得成就的可能。当我们选择长痛时，我们选择在生活的各个方面，避免做有助于实现自己潜力的事。就这样，我们永远做无足轻重的事，一直生活在静默、绝望的阴影之中，生活如一潭死水。这种状态使人感到悲哀、沮丧。用一个神话故事做比喻，长痛的状态就像英雄在自己王国的子民被杀屠时，躲在山洞里睡觉，而不是出去屠龙夺宝一样。

拖延是承受长痛的表现之一。拖延通常被认为是懒惰的表现，但其实并非如此。拖延只是逃避短期痛苦的一种方式。完美主义、找借口、在压力中浪费时间、应对各种人生危机等都是承受（并接受）长期痛苦、逃避短痛的表现。

承受长痛并过着虚妄的生活时，我们会始终逃避做重要的事情，不想体会真实的苦楚，继而感到毫无生气与活力。因此，我们通过选择做简单又不痛苦的事虚度光阴，最终导致一生拖沓、悲哀、差强人意、充满苦楚。

选择长期痛苦的表现：

- 过度查看手机或电脑中的邮件、消息和提醒等；
- 一直处于危机（或繁忙）中，没有足够的时间想清楚哪些是真正重要的事情；
- 抱怨并责备他人；
- 被动且具有侵略性；
- 沉迷娱乐、毒品等；

- 清楚地知道自己应该做出改变，但出于恐惧或耽于熟悉的感觉（"熟悉的恶魔"，这种说法更贴切）选择保持不变；
- 在社交媒体上花的时间比工作时间还长；
- 各类成瘾；
- 忍受不健康的关系。

承受长痛时，一旦脑海里出现该做真正重要的事情的想法时，我们会下意识地去吃东西或喝东西，做让我们感到舒服的事情，以此来转移注意力。

我们努力逃避短痛，一直处于拖延、完美主义、精力分散和处理各种危机的状态中。但这种逃避却将我们引向更加可怕的——充满慢性轻度抑郁、无聊、悲哀的人生。

逃避当下痛苦的我们总会感到躁动不安，远离真实的生活。通过逃避真正的苦楚，我们安于一种自欺欺人的人生状态，感受不到真正的心满意足，体验不到实现人生使命的富足感。

拖延和承受长痛意味着选择过行尸走肉般的悲哀生活，并长期忍受锥心痛苦的折磨。虽然你知道这一切是自己造成的，但你还是会责备别人。长痛意味着努力过轻松的生活，分散注意力、用酒精麻痹自己、追求廉价的刺激。我们都知道这样做没有用，痛苦和空虚感会很快回来。

拖延是我们通过逃避和分散注意力来解决问题的方式。我们希望通过忽视问题，使之自然消失。但生活中总是有各种问题在等待着我们。选择轻松的生活并承受长痛的后果是，最终你会陷入充满压力、危机、变动、负债、恐惧和痛苦的泥沼里。这是一种被奴役的生活：被自己造成的痛苦奴役。

长期来看，长痛远比短痛更痛苦、更糟糕

如果你愿意面对自己，面对人生，选择短痛而非长痛，就可以大大减轻痛苦，提高幸福指数。

短痛：痛在当下

选择短痛意味着过真实且有意义的人生，意味着直面对我们不利的事情，克服困难，做出改变，即便这会造成短暂的不适。承受短痛就是选择忍受生活中真实的痛苦，过有意义的人生，最终获得喜悦、自由、财富、爱和心满意足。

短痛即直面问题，迎难而上。我们会经历短暂而快速的阵痛，但这种痛苦会很快褪去，转化成真正的轻松、自由、喜悦和兴奋。通过承受短痛，我们选择面对当下的困难，避免未来反复出现的痛苦。短痛可以是面对并抵制住内心对垃圾食品的渴望。因为你知道垃圾食品虽然美味但不健康，因此为了长期健康你选择不吃。短痛可以是结束一段没有方向的关系，以避免常年的痛苦和争吵，这样你才能敞开心扉，迎接向往的真爱。

> **请记住营销大师乔伊·波利什的话：**
> 当你选择以轻松的方式生活时，生活会变得很艰难；但当你选择以艰难的方式生活时，生活会变得轻松起来。

第一次在一个会议上听到这句话时，我整个人被深深击中，内心那个追求舒适和虚妄的自己瞬间被击毁。从那以后，我的人生开始不一样了。

任何时候，你都可以选择被短暂的快乐诱惑，过着不停应对危机和一团乱麻的艰难生活；也可以选择当下就面对问题，过上长期轻松、体面、自由、健康、富有且幸福的生活。

请检查自己：

- 你真正意识到不可能一直逃避各种形式的痛苦了吗？
- 你准备好应对做该做的事所带来的真实痛苦了吗？
- 面对恐惧并践行使命让你感到激动吗？

现在，你有能力选择长痛或短痛，来增加或减少人生的痛苦。

你也有能力选择做该做的事,来结束长期痛苦。

你的选择是什么:长痛还是短痛?

生活总会给每一个人带来这样或那样的痛苦,痛苦是必然的。无论多努力,都不可能彻底逃避痛苦。如果你觉得这个事实难以接受,那对不起,过百分之百没有痛苦、安稳的生活本就是不可能的事。也许在未来人类旅程的某些时刻,这是可能的,但现在不可能。即使我们拥有世上所有避免人生痛苦所需要的金钱和资源,我们仍会生病、焦虑、生气、饥饿、抑郁,经受压力或感到孤独。逃避生活,做无足轻重的小事是痛苦的,带着未竟事业去生活也是痛苦的。痛苦,是我们逃不掉的。想逃避各种痛苦不仅不可能,而且徒劳无益,只会使我们空虚,甚至精神错乱。

帮帮自己吧,放弃幻想,开始践行使命吧!

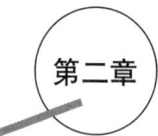

第二章 持续性的微小改变,将带来意想不到的全新蜕变

此刻,你可以选择继续重复过去的生活,也可以选择开始创造全新的未来,实现对生活的渴望。一年以后,你可以还像现在一样普通平凡,也可以已经完成梦想或在完成梦想的路上。总之,今天可以是改变你命运的一天。

早上醒来,站在镜子前,我们不会对自己说:"今天,我要重复过去愚蠢的、破坏性的、造成如今悲催生活的旧习惯。"但这常常是我们每天做的事情。日复一日,重复同样的旧习惯,造成糟糕的现状。如果我们真的想改变,就要舍弃那些无用的东西,做些不一样的事。不能指望重复同样的生活,却期待不一样的结果。道理我们都懂,但只懂得道理还不够。现在该行动了,到真正改变的时候了。

好消息是我们有能力改变。我们可以变得更有觉知,意识到自己的存在状态,选择改变自己,改变行为。我们可以重塑自己,训练自己,通过改变细小的思维和行为,最终给生活带来长期且巨大的影响。一生之中,我们可以在某种程度上,重塑自己并重生很多次。我们可以选择重新来过。即使以前失败过,但我们仍然可以选择为自己创造一个崭新的生活。只要你足够渴望，这一切可以很快实现。

你只需要选择去改变

要获得不一样的结果，你需要用不一样的思考方式，做出不一样的行动。虽然这听起来再简单不过，但大多数人都没有真正理解。绝大多数人认为，可以重复做同样的事，而得到不一样的结果，希望人生突然神奇地变好。看看周围的人，看看自己的人生，再看看自己过去的 6 个月，或是过去的 10 年。

当我们选择以一种全新的方式做事让行动力爆棚时，巨大的改变才会发生。我们可以随时选择改变发生的时间。但对大多数人来说，只有面临很严重的问题而不得不改变时，巨变才会发生。

改变的神奇时刻可以是现在。

你还想继续做同样的事，却期待不一样的结果吗？或者你愿意成为那 1% 理智的人，迈出重要一步，从而真正获得不一样的结果吗？

今天就是你的大日子，是你整个人生发生改变的日子。书中会告诉你做出改变需要做什么。但首先，你需要承受轻微的不适，去做该做的事。

想实现改变，你不需要再读一本书，不需要学习更多理论，不需要研究案例，不需要绘制精巧的图表，也不需要听励志演讲,你真正需要的是停止虚度光阴,开始行动。你需要将想法付诸实践!拖延无益,改变从此时此地开始。

一切始于选择,始于内心的改变,始于你愿意成为一个行动者。

你愿意升级思维和行动方式,创造更好的人生吗?

回答如下问题,看看你改变的愿望有多强烈

认真阅读下面的问题,感受自己的反应。

- 你愿意获得成就和财富吗?
- 你愿意成为可以采取一系列行动,获得一系列结果的人吗?
- 你愿意停止用无意义的娱乐拖延、分散注意力或无所事事地浪费时间吗?
- 你愿意停止做不会产生任何结果的事情吗?
- 你愿意从今天开始变成坚定的行动者和改变者吗?
- 你愿意放弃过去的"自己",成为全新的、升级版的"自己"吗?

感觉怎么样?如果你仍有抗拒心理,没关系,反复问自己这些问题,直到得到肯定的答复。因为如果你不愿改变,那读这本书又有什么意义呢?

如果你没有被吓坏，那么你可能没有真正领会这些问题的意义。如果领会了，你会被吓坏，好像自己濒临死亡边缘。恐惧和兴奋的感觉是改变开始搅动内心的表现。

如果你没有感到恐惧，那么请反复阅读这些问题，直到感到不适和兴奋

要想实现改变，你需要成为"另一个自己"。"旧版"的你、什么都做不到的你，该退居二线，让行动的你主宰生活，让改变发生。你愿意让旧的"自我"被取代并升级吗？你愿意走到舒适区的边缘，大胆突破自己吗？你愿意成为一个升级版的自己吗？

未被挖掘的巨大潜力在等待被你释放。你清楚自己有力量，你能感觉到自己的力量。**唤醒内心力量的第一步是愿意改变。**愿意是改变的关键。当你迈出勇敢的一步，你会收到数以千计的支持。当你愿意成为有所成就的人时，我们就可以继续进行下一步的改变了。

记住，这个决定性的时刻任何时候都可以发生，而非一生一次。你可以选择让受限的过去成为历史，从而开启新的生活方式、新的人生体验。如果你想，人生可以很神奇，很有趣。你现在就可以朝更好的方向迈出勇敢的一步了。如果你愿意，你可以让今天成为人生中最棒的一天。

你愿意成为更优秀的自己吗？

第三章 学会运用二八定律,用 20% 的努力换取 80% 的成果

二八定律是"效率爆棚"的核心

相信很多人都听过二八定律。二八定律,又称帕累托法则(Pareto Principle)、关键少数法则(Law of the Vital Few),是以意大利经济学家维弗雷多·帕累托(Vilfredo Pareto)的名字命名的一种幂次法则(Power Law)。

根据该定律,近 80% 的投入(行动)有 20% 的产出(结果),而其余 20% 的投入则有 80% 的产出。

> 换句话说,根据二八定律,人生中只有少数事情很重要,其他事情本质上都不重要或无意义。

一旦领悟这一革命性的发现,我们的使命就变成发现那为数不多的、能极大影响我们人生的几件事,多做这几件事,少做其他事。

帕累托在研究意大利的财富分配状况时,发现了这一定律。他发现近 80% 的土地掌握在不到 20% 的人手里。之后,

他又研究了其他国家不同时期的土地所有和财富分配情况，惊奇地发现，二八定律适用于他所研究的所有国家的各个时期。

他发现，无论在哪里，都是少数人掌握大多数的土地与财富。现在也是如此。少数超级富有的人掌握着大多数的财富，其余财富由大多数人分散持有。后来，帕累托甚至对自己的花园进行了观察，发现二八定律在花园里同样适用：20%的豆荚里长着80%的豆子。

二八定律与你有何关系

答案是，处处有关系。二八定律意味着，你每天做的少数事情（20%的行动）会带来80%的结果，对你的总体生活产生十分积极的影响。相反，你做的大多数事情（80%的行动）本质上都是在浪费时间。这个结论你可能需要时间去消化一下。

该定律说明，我们每天做的多数事情都是无用的，仅有少数事情有意义。一旦认识到这一点，你就会想找出哪些是真正有意义的事，哪些无足轻重的事伪装成工作在浪费你的时间。

为什么不停止假装忙碌，放弃做无谓的事，去海边待上8小时呢

这一发现确实惊人，值得再重申一遍。

我们每天做的事情中，只有几件（最多20%）对生活产生了重大、积极的影响，而其余大多数（80%的事）基本上只是在毫无意义的浪费精力，对生活仅有微小的积极影响（20%的影响），甚至毫无影响或产生消极影响。

这就意味着，你每天做的事情中，只有几件有助于生活顺利推进，而其他事情即便不做也无伤大雅。

放到现实中，就是说，在一天10小时的工作中，你仅有2小时在真正的高效工作。

因此，一旦你清楚有益的20%事件是什么，就可以进行复制。这样，工作4小时，就可以获得160%的产出。其余6小时，你可以自行安排。

你愿意提高工作效率、增加休息时间，还是想像老黄牛一样埋头工作，把生命浪费在一堆毫无意义的事情上？

这是你的选择。

很多人懂得这个道理，但却不行动，继续把宝贵的时间浪费在低价值的工作上，还怀疑"成功"为何迟迟不到。

好消息是，如果你足够聪明，能够找出并多做有意义的事，你就可以事半功倍。这需要你花些时间思考，才能避免无数日夜辛苦工作而无所获。更酷的是，这一神奇的法则适用于我们生活的各个方面。

下面是几个启发思考的例子。

人际关系

目前,你的人际关系中有 20% 带给你 80% 的幸福,其余的 80% 只对你的生活产生微小的影响。相对地,也会有 20% 的关系造成了你 80% 的不幸。

带给你快乐最多的几个人是谁?如何增加跟他们在一起的时间?

哪些人让你感觉自己的生活很糟心?如何才能减少跟他们的相处时间,或者把关系变好?

当你找到这些问题的答案时,你就可以迅速提高幸福水平,减少压力。这么做值得吗?当然值得。

饮食

你的日常饮食中有 20% 的饮食选择决定了你 80% 的健康程度,其余 80% 只对你的生活和健康产生微弱的影响。

另一方面,约 20% 不健康的食物很可能就是让你变胖、变丑和生病的原因。因此,放弃这些食物,你会更健康。

也许你 80% 的时间里,都在重复吃那 20% 的食物。比如我有喝咖啡的习惯,我 80% 的时候都会在早上喝咖啡,其余 20% 的时间喝其他的。

诸多研究表明,日常饮食中加入未加工的、植物源食材能预防疾病,使人更健康。不仅如此,这些食物还能让我们思想更积极，更有爱心，更平衡。另一方面，摄入过多不新鲜的、过度烹饪的食物，会让我们更容易产生消极的想法，如死亡、堕落、欺骗、憎恶、成瘾，等等。

如果你还没到这一步，可以从积累好习惯开始，坏习惯自然会慢慢消失，你的睡眠、精力、专注力和能量都会因此而提高。将这些有益的生活方式融入日常生活中是很值得的，即使只持续短短一段时间，仍会产生效果。

工作与收入

约20%的工作可以为你带来80%的收入，而其余80%的工作只对你的现金流产生十分微小的影响（甚至还可能让你倒贴钱）。那么，如果你只专注那20%，你将能赚更多钱。

如果你什么都想做，那只会让你过于忙碌，生活质量却不会有任何提升。

所处的地方

你很可能在80%的时间里都会去相同的地方工作和放松，20%的时间去其他地方。

你去的都是最酷的地方吗？或者你只是去那些还可以但其实你并不是很喜欢的地方？为什么不去发现你最喜欢去的地方，并经常去呢？去哪些地方花的时间差不多，但能带来更多欢乐呢？

电影与娱乐

你喜欢哪些类型的电影（或喜欢哪些演员）？怎样才能看更多激励你的电影？如果不看电影，你会转而做什么事情娱乐？

二八定律适用于任何事，包括：

- 收发邮件
- 打扮自己
- 购物
- 高质量的冥想练习
- 读书
- 其他

如果你去食品店，你会发现大多数人80%的花销重复用在了同样的食品上。翻阅商店的账本，你还会发现商店80%的销售额来自20%的顾客和20%的产品。

很多企业很赚钱，正是因为它们专注于顾客最需要的那20%的产品和服务，或直接放弃其余的产品或服务。

仔细观察，你会发现这个关键少数法则在生活的各个方面处处适用。不一定是准确的二八比例，但一般也比较接近。比例可能更倾向于一九或三七，但其中的道理不变。

那么，仅占20%的事情不止比其余80%有益一点点，而是有益16倍。

做有效的事比做无效的事效果强16倍

下巴惊掉了吗？如果没有，说明你还没有理解这句话的真正含义。理解并应用这句话，可以帮助你急速提升你的生活质量。目前，你做的80%的事情都是在浪费时间，可以放弃或少做。

我再说一遍。

你80%时间里做的事情都是在做无用功，20%时间里做的事情成就了你如今的生活。如果能多做这20%的事情，你将会大大提升做事（和生活）的质量。

那么，现在你可以选择如何工作，做哪些事了。你会选择A还是B呢？

选择A：80%无效用功法

这就像花6个小时赶一头牛上山，剩下的时间在牛粪里打滚，还为此付出了代价。

选择B：20%简易成功法

这就像以每小时800英里的速度驾驶一架私人飞机飞向一个私人小岛放松，并在自动驾驶模式开启的同时工作赚钱。

你更倾向于哪一个？

如果二八定律没有给你一种颠覆或革命的感觉，你就没有真正理解二八定律的含义。如果你真正领会了二八定律，你应该处于一种震惊和兴奋的状态。

你会有"原来如此"的感觉，并意识到原来的自己在80%的时候都是在浪费时间。你可以重新利用这些时间，多做那些重要的事，让它们最大限度地对生活产生积极影响。

如果你想打开通往成功的大门，就必须使用正确的钥匙。我的客户在领悟这个道理之后，惊讶不已，很迫切地想要探索那20%有益的事，并在生活中增加做这些事的比重。

领悟这一定律，就如同拥有了一把打开新世界大门的神奇钥匙。在新世界里，你可以享受生活，减少工作，创造更大的影响力。犹如一个从未知晓的全新世界突然出现在你面前，犹如从噩梦中醒来，你准备实现一个自己主宰一切的美梦。这听起来很棒，但要放弃做那80%的蠢事、只专注于20%的关键事件是需要莫大勇气的。

你有足够的勇气吗？你愿意停止做蠢事吗？你愿意重新来过吗？现在正是给予你力量的时刻。

放弃低价值、无意义的蠢事，重新掌握生活的主动权。有了这个关键心态，你就可以瞬间让效率翻倍。

# 第四章　不要把时间浪费在苛求完美上

丹·沙利文（Dan Sullivan）写过一本很棒的书，叫作《80%工作法》（*The 80% Approach*），书中介绍的工作法与二八定律相似，但有一些细微且重要的差异。

沙利文的 80% 工作法关注的是在通向成功的道路上如何最大程度获益，那就是达到 80% 的完美度，而非努力达到 100%。100% 完美是不可能的，极其耗费时间，且大多数情况下，也完全没有必要。

不要被这些数字搞晕了。80% 工作法与二八定律不同，80% 工作法中的 80% 是指达到完美的 80% 就停下来，而不是耗费大量时间努力达到 100% 的完美，因为这没必要，也不可能。

80% 工作法还可以这么理解："好就够了。"

我有个朋友，以前在法国一家广告公司工作。她的老板用两句格言教会了她 80% 工作法——"最好是好的敌人""差不多就够了"。

你现在就可以开始在生活中运用这两句格言，这将为你节省时间、精力、金钱，并减轻压力。

好,真的就够了吗

沙利文认为,在80%的情况下,(写书、设计封面、发邮件、做饭)达到80%的完美度就足够了。

为什么呢?因为在达到(想象中的)100%完美的过程中,要耗费的精力会越来越多,工作量会越来越大,可能要比实现80%的完成度多花6倍的时间。

"在80%的时间里,80%的情况下,完成80%就足够了。"

——丹·沙利文

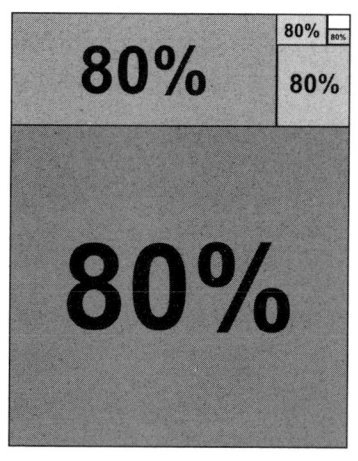

比如,写一本书的一个章节,达到80%的完成度,可能会花两个小时的时间。在大多数情况下,这就足够了,你也能得到自己想要的结果。

你写的第一稿会达到 80% 的效果。

要润色一个章节可能会再花两小时的时间，最终达到 96% 的完美度。你可以这么做，或者你也可以发给编辑帮你润色。

如果你内心的完美主义小人全力发动，你可以再坐两个小时，将你的文字提升到更高水平（希望能如愿）。

之后，再花两个小时，然后再来两个小时，两个小时……

直到最后（如果你没搞砸的话）接近 100% 完美（不管它对你内心的完美主义意味着什么）。

但你猜怎样？很少会有人认为你所做的这些额外的工作有多重要，而且你浪费的 12 个小时本可以用来做其他产出率更高的事情。

也就是说，努力做到 100% 完美，与你付出的努力相比，是不值得的。

这点太重要了，我必须再重申一下：

大多数人会认为你 80% 完工的艺术品、邮件、PPT、设计等，已经是 100% 完成了。

再读一遍上面这句话，这会为你节省很多时间。

80% 的完成度就可以给你带来想要的结果，花费的时间

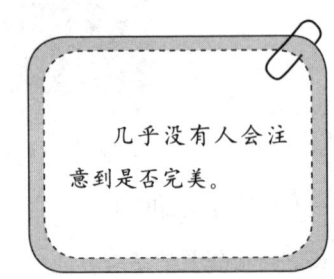

几乎没有人会注意到是否完美。

远远少于你浪费在实现（不可能的）完美上的时间……

完美主义，在我看来，是一种会摧毁内心的疾病。可能话说得有点儿重，但与完美主义斗争多年的我，已经意识到它对我们的破坏性之大。完美主义会毁掉我们发挥天赋的能力，将我们锁在自己制造的充满扭曲幻想的笼子里，让我们无法完成任何事。

现在，我会跟客户讲一个小趣事，帮他们走出完美主义的陷阱。

想象自己与最好的朋友、最爱的人同乘一艘船。突然，有个不会游泳的人掉下船溺水了。你是现场唯一一个能救他的人。你会怎么做？

你会先去游泳池练习一下泳姿，亦或是先回到小屋，弄一下头发，换几套泳衣，挑出最好看的那套，还是你会直接跳到水里去救人？

下次你再拖延或像猴子捞月一样追求不可能的100%完美时，就想想这个故事。有人需要你的帮助，现在就出手相救吧。

如果你放弃完美主义，将目标定为完成项目或想法的80%，那么你就可以专注于核心，在1个月内取得比过去1年还要多的成就，然后你就可以有很多时间放松和充电了。追求80%的完成度，并专注于20%的重要内容，可以奇迹般地提升你的工作和生活质量。试试看吧！

声明：有些情况下，你需要100%的完成度，比如盖楼、做手术或其他精密的医疗程序等。然而，如果你没有从事这些行业，试图达到百分之百的完美就是浪费时间了。努力完成80%，为成功助力。

还需要些动力

如果你仍然认为做到80%不能算完成，就想想印度人的日常生活吧。我曾经去过印度15次之多，在那里待的时间加起来有好几年。我发现在印度，很多大楼、水管、电力和交通系统的修建水平，勉强达到西方国家的40%。似乎他们只完成40%，就认为已经完工可以回家了。而且在大多数情况下，这些设施都是能用的，即便看起来不美观，甚至有点危险。

在印度你可能会看到：一个插座上插了50多根电线，电缆从插座上垂下来；一家人挤在一辆两座摩托车上，在杂乱的交通中穿行；等等。这些现象虽然看起来很危险，但在印度却很常见。我不是说应该追求40%的完成度，但想想十几亿人生活在40%的完成度就算完成的国家，你的80%已经是很高很专业的标准了。

去尝试吧，再看结果。你会很惊喜地发现自己完成了更多工作，更有成就感。

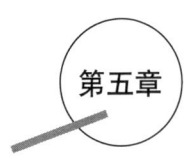# 第五章　管理你的精力，而不是时间

对时间管理抱有不切实际的幻想，是很多人像没头苍蝇一样疲于奔命、拼命工作却一无所获的一个重要原因。时间管理理论让无数人认为那个叫作"时间"的东西是一种像金子一样的有限资源，需要被管理。这一理论的拥趸者还创造了复杂的管理体系，帮助人们像切蛋糕一样将时间切成整齐漂亮的小块，让人们尽可能将所有事情塞进日程，以此帮助人们完成所有任务（并因此获得成功和幸福）。

这一切可能理论上听起来很美好，但在实践中，却经不起任何考究。那些复杂的时间管理系统对普通人来说根本不起作用，原因如下。

1. 不是所有人都能践行时间管理理论

首先，这些时间管理体系的设计者和设计对象是那些痴迷于控制、拥有保持井井有条的强大内驱力、严格按日程行事的部队作风的人。这些人本来就将自己的日程安排得一丝不苟，每天吃饭、睡觉、排便都在固定的时间进行。他们不需要时间

管理体系，因为他们已经在过部队教官一般的生活了。

在现实生活中，本质上有两种类型的人。第一种是"组织型"，他们痴迷于保持物品整齐，擅长分析。第二种是"创意型"，他们一般醉心于设计（往往没有条理）。大多数人都是介于二者之间，带有某一种稍微明显的特点。

你属于哪种类型？组织型还是创意型？我猜既然你在读这本书，那你应该属于创意型。这也是你想在21天里创造奇迹的原因。

组织型的人乐于花一整天时间，将日程整齐地安排进时间格里；而创意型的人会抵触日程表，即使你真的为他们设计一个日程，他们也很可能会憎恶并打破日程的束缚。

这是时间管理不奏效的第一个原因。创意型的人压根儿就不会运用时间管理。不信就试试，看你能不能把一天的时间安排精确到分钟，并成功执行。很可能最后你会变得神经、恐慌、反叛，最终完全脱离日程表，甚至去疯狂地浪费时间。

幸运的是，你不需要再为此担心了，你将运用更好的方法完成任务（而且不用过那种死板的生活）。你首先要做的，就是完全放弃可以管理时间的幻想。

2．高效完成低价值的工作毫无意义

其次，时间管理不奏效的另一个更重要的原因是，我们做的 80% 的事情都是无效的。即便我们成功完成计划清单上的所有事情，其中仍有 80% 是无意义的。高效浪费时间仍是浪费时间！

试想一下，如果你每天做的事情中只有几件很有价值，有助于你达成目标，那么只有重点做那几件事，你才能成功。

我们需要放弃管理时间并将所有该做的事都安排进日程的想法，而应该专注于做那 20% 最有效、最有用的事情。

> 我们需要专注于最重要的 20%，并放弃其他事情。

你想让工作十分有效（只做最重要的几件事），还是想十分高效或高产（只做那些无足轻重的事）？

我们可以给自己制作一个很棒的日程，每个时间段都塞满毫无意义的低价值活动，并全部高效完成。但结果却没有实现任何价值。唯一完成的就是在耗时很久制作的计划清单上打勾，同时我们因为已按照既定日程完成了任务，所以成功地欺骗自己。其实，打勾毫无意义，高效、高产地做低价值的事情毫无意义，把一天安排得满满当当毫无意义。

做最重要的那几件事是最要紧的。你清楚这几件事是什么吗？你清楚自己是否在做最重要的事吗？

其余的只是时间管理的假象。我们需要专注于为数不多的几件重要的事，而放弃其他，这样才能实现真正的高效。

3．时间不可能被管理

尽管很多人声称自己能够管理时间，但没有人能够真正做到。时间不是用来管理的。时间不像电脑或系统一样任你调节参数，时间不是桌子旁边任你坐卧的椅子，或是任你改善的一段关系。明天其实并不存在，昨天只是一个想法或记忆，你所拥有的只是现在。

此时此刻，这一永恒的时刻，你可以在脑海里想象明天、下周或明年。你可以计划未来无数美好的事情，但这些都是想象出来的，只存在于你的大脑里，都只是想法。

只有当你处于当下时，你才能真正完成事情。你明天、昨天或明年可以做些什么吗？不可以。因为当下以外的时间点都是不存在的。

我们只活在当下，对未来的想象也只发生在当下。除了当下，没有任何时间存在。现在就是充满力量的时刻，力量存在于当下。

你能感觉到吗？能意识到自己存在于当下吗？无论你想做什么，你只能在当下做。此时、此刻、此地，仅此而已。

当你意识到你所拥有的仅仅是当下，时间不是一个你可以管理的外物时，一切就变得清晰起来了。因为24小时不属于你，你只有当下、当下、当下、当下、当下、当下、当下……

当下有多长？一小时有多长？为什么有些日子过得飞快，有些却很漫长？

到底是怎么回事？

因为你所拥有的只有当下，并且时间流逝得非常快。你其实并不拥有任何时间。

时间是什么

时间是人们发明的一个用于描述物体在空间移动的概念。想想如何测量时间？我们可以基于运动测量。假如明年宇宙中的一切都将停止运动，树叶停止生长，地球及其他星球就地停滞，你的身体和所有系统停止运转，宇宙中所有原子和次原子粒子都停止运动，不再有思想，不再有运动，不再有变化。如果所有物体都停止运动，一切都不再改变，时间会怎样呢？

它会停止，不再有小时或分钟，只有一个长久的当下。我不想把大家绕晕。让你们关注这个问题是想帮你们摆脱对整齐分割时间的痴迷，尽早把事情做成。

那么问题来了，不能管理时间，我们能管理什么？

忘掉时间管理，专注自我管理

虽然你管理不了时间，但可以管理你自己——管理自己的想法、言行、精力和专注力。

生活中，有很多事情是我们不能直接改变或控制的。我们改变不了天气、地球大小、原子的运作、他人及不胜枚举的其他事物。我们可以尝试去控制人和世界，某些科学家、政治家、企业家已经尝试过，但大多数的努力都以失败告终，甚至造成严重的负面影响。

因此，放弃时间管理和控制我们影响力之外的事物是明智的，应将精力放在我们可以改变的事情上。

管理自己等于掌控：

- 自己的思想
- 自己的情绪
- 自己的语言
- 自己的行动

这些是在你能力范围之内的事，你可以对其施加影响。

当你放弃试图管理抽象的时间，转而专注于此刻和此地，管理自己的想法、感受、能量、语言和行为时，你会立刻感到更有力量。

你愿意放弃管理时间，开始管理自己吗？管理你每时每刻的选择：摄入的食物、产生的想法、使用的语言和影响你的事物。将精力、想法、语言和行动专注于能够帮你实现最大结果的具体事情上，并保证永恒当下的每个时刻都是如此。

你还需要经常停下来问自己：我此时此刻在做的事情直接利于我实现目标吗？

> 我们要专注于实现目标。

如果你的答案是否定的，那你就是在做无用功，就该放弃这些事情，回到关键事件上。如果你开始活在当下，确保此刻在做的事直接与最终目标相关，就不必担心时间管理了。

你管理不了时间，但可以管理你的精力及如何使用精力去思考、体会与行动。当你投入精力做那些能够带来想要结果的事情时，你就有效使用了时间。

你真的想将想法变成现实吗？那么现在你的挑战来了。

每天问自己 100 遍："我此时此刻做的事会直接让我向目标靠近吗？"

如果你真的想实现目标，就确保你做的所有事都有助于让你向目标靠近。

如果事实不是这样，现在就去改变。停下正在做的事，去做更好的事。

每次问自己这个问题时，至少 75% 的时候你的答案是肯

> 我此时此刻在做的事会直接有助于我向目标靠近吗?

定的,这样才能保证做成事情。

你越常问自己这个问题,越能有意识地生活,越能更快地专注于最重要的几件事。

接下来就剩一个问题了。要实现目标,你需要能量。

即便你有一年的时间可以做任何想做的事,但若你没有精力,依然不会有任何成就。

专注当下:精力管理与时间管理

时间管理没有考虑你的精力水平。如果前一晚没睡好,你会感觉筋疲力尽,会头疼,会起床困难,那么你在 11:15 打重要电话、12:25 开会或 2:47—3:15 写东西的时候能有多高效呢?在这种情况下,时间管理是彻头彻尾地胡扯,因为重要的不是你投入的时间,而是投入精力的质量。

> 重要的不是你投入的时间,而是投入精力的质量。

写东西时,如果我超级兴奋,像打了鸡血,灵感满满,那我写出来的东西就会质量很高。

如果我精神恍惚、饥肠辘辘、思维混乱或总打瞌睡……那你猜会怎样？接下来几个小时我都会写得很敷衍。然后，我不得不回去重写。

如果你在跟朋友吃饭，但注意力和精力完全不在朋友身上，一半时间都在担心别的事情，另一半时间则在发短信跟别人讨论这件事，那么会怎样？

表面上看，你在那里跟朋友吃了两个小时饭，你一直在桌子旁坐着，你的时间都耗在那里。但从精力分配上看，你没在那里，反而离得很远。你猜怎样？所有人都注意到你没在那里。如果你和一个每两分钟看一次手机的人说过话，你就会明白那是怎样的感觉。

同样地，你可以每天八个小时在办公室工作，却心不在焉。实际上，大多数办公室职员每天只有两小时是有产出的。公司的管理者也明白，但仍坚持让他们坐在工位上，假装其余六个小时也在忙工作。所以，时间管理是一个危险的误区，须谨慎对待。

怎样才能达到最好的结果，并完成任务

正如大海有潮起潮落，太阳会升起落下，你的身体也会经历自然节律。大脑在状态时，工作精力充沛，大脑不在状态时，你需要休息，并补充能量。这个过程就叫作"生物钟"，对所有生物都有影响。

生物钟决定了我们的身体每天如何自然经历从低能量到高能量循环往复的过程。

> 人类是有生物钟的。

我们不在这里详细讨论这个问题，但这确实是个值得研究的问题。吉姆·洛尔（Jim Lohr）和托尼·施瓦茨（Tony Schwartz）写了《精力管理》（*The Power of Full Engagement*）一书，对生物钟有更详细的探讨，很有意思。例如此刻，我感觉自己需要赶快休息一下。我既可以选择违背自然节律和自己的建议继续写下去，也可以停下来，等能量恢复再回去继续写。

两小时过去了，我回来了。吃点东西、稍事休息的效果简直惊人！当血糖过低或身体过度疲惫，违背生物节律时，我们无法以最佳状态表现。就像油箱快没油了，发动机开始抖动并熄火时，仍继续开车一样。这对车或对你到达目的地都无益处。

如果没有能量，即使清楚该做哪20%的事情，你也将会迷失在80%无意义的事情中。你会犯错，然后返工、纠错，或者花比平时更长的时间去完成。休息一下吧，一会儿再回来继续。

根据自然节律和能量变化安排一天的事情是十分重要的，不要强迫自己以违背身体和自然状态的方式去工作。

回答如下问题，看看你什么时候注意力最集中？

你的身体在一天中哪个时间段处于最佳工作状态：早上、下午还是晚上？

在精神最集中、动力最强、状态最好的时候工作，你将获得更大的成就。不要在自己状态差的时候强迫自己工作。

对我来说，早上工作最好，越早越好。到中午，我的能量和注意力水平就会下降。你什么时候工作最有效呢？

什么时候你会感到身体疲乏、注意力涣散呢？

了解这一点也很重要，你就可以有意识地让自己在这些时候休息放松，而不是在需要休息的时候坚持工作，让自己透支。

我在中午 12 点到下午 4 点之间最不想工作。所以，我不会在这期间强迫自己工作，而是会允许自己休息、放松、睡觉、读书、去海滩或做其他任何事。因为我知道这个时间段即使工作也是浪费时间，还不如服从身体的自然节律。

有时候，你会发现在一般会放松的日子，你却特别想工作，反过来也是。如果真是这样，就顺从内心。如果你特别想做一些事，就去做吧！现在是凌晨 00：50，平时我不会在这个时间还想工作，但我今天感觉特别在状态，所以选择继续写作。直到感到疲劳的时候，我会停下来。但现在，我正在状态。建议你也顺从自己的感觉。

记住，关键不是投入多少时间，而是投入多少高质量的精力。

好了，现在你可以放弃时间管理的幻象了，可以向非凡的成就进发了。但又出现了一个小问题……

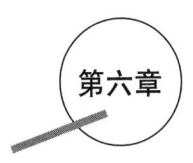 # 第六章　认清你的抗拒心理，粉碎它

> "抗拒心理看不见、摸不着、听不见、闻不到，但可以感觉到。抗拒就像是一个蓄势待发的能量场，一种负面的排斥力，目标是转移我们的注意力，阻止我们做成任何事。"
>
> ——斯蒂芬·普莱斯菲尔德 (Steven Pressfield)

抗拒心理不可避免

一旦你真正开始一种新的生活和做事方式，所有问题都会迎刃而解。试试吧！

如果没有战胜自己内心中的抗拒心理，你就无法做出崭新的、显著的、有意义的改变。我希望你能战胜抗拒心理，但事实是：一旦你准备好行动，内心和身体就会联合起来反叛，将你打倒，甚至毁灭你。你身处一场战斗中，抗拒心理要出来将你"斩首"。

有多少次你想改变，却以失败告终？或者生活因此变得更糟糕？有多少次你正做得好好的，却突然戏剧性地发生意外，阻挡了前进的道路？

这些都是抗拒心理惹的祸。它直接与你的目标作对，它就是你头脑里的叛军。如果你不学会如何应对抗拒心理，改变就不可能发生。

抗拒是你心中更低级、懒惰、成瘾的那部分，你会只想看电视、吃垃圾食品、无所事事。抗拒心理不仅阻挡了你进行改变的脚步，还阻挡了你为改变做准备。因此，你会浪费大量时间来拖延。抗拒让改变看起来遥不可及，让做出的努力看起来不值得。

当你发现自己在逃避生活中重要的事情或感觉被困住时，你应该明白这其实是内心的抗拒在捣鬼。

抗拒的表现：

- 自我怀疑；
- 用毫无意义的娱乐分散注意力；
- 在低价值工作上浪费时间；
- 各种类型的成瘾；
- 打不起精神、无所谓、抑郁；
- 旧项目未完成就开始新项目，却很少善始善终。

抗拒就像一本一万页的书，充满各种有理有据的论证；又像一个善于诡辩、赢得各种案子的专业律师。

"何必做那么多锻炼,反正也不知道会不会有用!"

"为什么不能吃颗神奇药丸一下子变瘦?"

"你无论如何都不会瘦下来的,你是个死胖子,没人会爱你。"

"既然大多数企业三年内都会倒闭,你何必承受那么大风险去创业呢?"

"既然可以坐下看电影放松,为什么要去承担风险呢?"

"我太忙了,没时间开始做新的事情去改变生活。"

抗拒心理会歪曲事实、隐藏信息、蒙蔽你的双眼,并将天才的想法从你的大脑中删除。

抗拒心理,对有些人来说是一种消耗意志的情绪;对有些人来说,是在脑子里打转的各种想法;对另一些人来说,其表现为浪费时间的成瘾性行为。**无论抗拒心理以何种形式表现出来,关键是要在它出来毁掉你的生活之前意识到它,并了解如何克服它。**

无论抗拒心理如何无情地攻击你的生活,有一件事是确定的:不能在被心魔困住的情况下活着。我们活着可不是为了以牺牲成功为代价迎合低级欲望的。如果不能处理好这些低级的欲望,我们就会一直被困住。

希望到此为止,你清楚自己面对的敌人是什么了。如果你好奇为什么只有少数人能改变，为什么你的改变会那么艰难，答案就在这里：抗拒心理是致命的。抗拒心理受很多因素支持，它很清楚如何让你缴械投降，让你失望，并将你"肢解"。

如果你不清楚抗拒这种力量到底是什么、如何运作，你的生活就永远不会有进展。你会变成自己思想的奴隶，一直失败，而抗拒心理则会戴着王冠站在你人生的制高点，指挥你分散注意力，浪费你宝贵的生命。

抗拒心理并非无懈可击

幸运的是，抗拒心理就像一只纸老虎，或是一只叫得欢却不会咬人的狗。一旦你开始了解抗拒，揭穿其谎言，其带来的幻象和把戏就不起作用了。抗拒只会操纵、引诱我们，让我们像被催眠一样无意识地行动。

一旦觉醒，你会更加了解成长后的自己，你将会看出内心在展开的游戏，真正的你就会从内心和思维深处重拾力量。

如果你想成为自己世界的主人，创造自己的人生，你的使命就是：对自己是谁有更清醒的认识，了解自己的内心。唤醒内心的天才，在抗拒心理出现的时候便会粉碎它。

# 第七章　绝大多数的恐惧，永远不会发生

"恐惧让我们时时刻刻回想过去，担忧未来。如果我们可以坦承心中的恐惧，就会认识到，在这一刻我们是安全的。今天，此时此刻，我们仍活着，有着强壮健康的身体，双眼看得见美丽的天空，双耳听得到爱人的声音。"

——一行禅师（Thich Nhat Hanh）

除了拖延、抗拒，恐惧也经常出现在我们的生活中。

基本上，恐惧有三种类型：

- 真实、理性的恐惧；
- 无意识的非理性恐惧；
- 有意识的非理性恐惧。

真实、理性的恐惧

恐惧不全是坏事。实际上，有些恐惧非常健康，对成功有帮助且有必要。人们对真正应该恐惧的事物保持着真实、理性

的恐惧。比如，要被车撞时，恐惧可以将你从马路中间推开，这就是好的一面；生活在经常发生盗窃和抢劫的社区，锁门、走路时小心谨慎就是明智的；走在悬崖边上时，恐惧让你对危险保持警惕，甚至可以救你一命。这种类型的恐惧是有用的，没必要担忧、改变或甩掉。我们需要真实且理性的恐惧，多关注这种类型的恐惧是明智的。

然而，恐惧也常在不需要的时候出现，其他类型的恐惧需要以一种完全不同的方式解决。否则，我们会陷入自己制造的牢笼，过着肤浅、舒适的生活，逃避自己真正的使命。

无意识的非理性恐惧

这种恐惧是无意识的，不会让你流汗、呼吸困难、发抖或怔住，它不容易察觉却极其致命，会在不经意间毁掉成功。我们对不可知的未来充满恐惧，从而臆想未来可能出现的折磨与痛苦。这种恐惧潜藏在意识表面之下，让我们在意识不到的情况下，逃避该做的事，阻止我们前进的步伐。

我们常常出现的拖延、完美主义、虎头蛇尾、注意力涣散与找借口，其实都是恐惧伪装的，本质都是抗拒心理。

因为恐惧往往产生于意识表面之下，它出现的时候可能并不明显。但它又像在水中投放小剂量的毒药一样，这种无意识的恐惧能让你身中剧毒、身体恶化，最终能够毁掉你大展身手和施展才华的能力。你可能意识不到它在毁掉我们，但只要你允许它继续毒害我们的思想，我们就永远没有能力展现巨大的行动力，并做成事情。

最常见的恐惧（多为无意识的）：

- 对未知的恐惧；
- 对失败的恐惧；
- 对成功的恐惧；
- 害怕成名后失去隐私，害怕随之而来的一切；
- 害怕太出名被抛弃；
- 害怕令他人失望；
- 害怕得到负面评价或遭人嫉恨；
- 害怕生病；
- 害怕失去爱；
- 害怕不够好；
- 害怕被骗；
- 害怕不能让一切正常运转；
- 害怕不适；
- 害怕出错；
- 害怕死亡。

你害怕什么？

哪种神秘的恐惧阻碍你行动起来做该做的事？

你应该直面这个问题，因为如果你不面对并揭露内心的恐惧，它会在你还没反应过来的时候就毁掉你的生活，毁掉你自己。

不管内心的恐惧有多不理性，一旦直面这些恐惧，你就可以在恐惧阻挡你前进时将它识别出来。将无意识变成有意识，从而改变自己，避免重复过去。

你有哪些无意识的恐惧呢？

我们每个人都有只做无足轻重的事并以此毁掉自己的理由。其核心通常是对改变的恐惧。我们不喜欢走出舒适区。即使生活在舒适区并不舒服，但我们已经习惯了，这种不适至少是我们可以忍受的。相信我，忍受是一种自我设限，是重复过去，不是真正的生活。

有意识的非理性恐惧

问自己几个问题，你就可以将无意识的恐惧变成有意识的恐惧，从而面对并克服恐惧。

你在害怕什么？

无意识的恐惧如何主宰你的生活？

对照前文罗列的最常见的恐惧，看看有哪些你能产生共鸣。

我已经注意到我自己的抗拒心理主要来自对成功与被拒绝的恐惧。

如果我实现这个项目，会怎样？

如果大家都喜欢我，会怎样？如果我上电视，对着一大群人说话，会怎样？要是人们都拒绝我、抛弃我，会怎样？要是没人喜欢我，我又该怎么办？

这些恐惧可能看起来微不足道，但确实会毁掉我们的生活。

你为什么阻挡自己成功？如果你得到所有想要的，会害怕发生什么？将它们都写下来。

好了，写好了吗？不管你写的是什么，你所害怕的事情很有可能并不会真正发生。写下来很重要，与其让各种恐惧在大脑里作恶，不如写在纸上放到面前，你会发现我们的恐惧有多不理性。

我们的大多数恐惧永远不会发生。恐惧只存在于我们的大脑里，局限在认识范围内，它们在真实世界中其实是不存在的。

向你开过来的大巴车是真实的，你要躲开。害怕别人因为你出版了一本书而憎恨你是不真实的；害怕自己因为推出新产品而死掉是不真实的；害怕做得不完美就会被惩罚，也是不真实的。

大多数恐惧基本都是不真实的，只是我们的大脑臆想出来的。我的好朋友，《改掉焦虑的习惯》（*Break the Worry Habit*）

一书的作者乔舒亚·贝纳维德斯（Joshua BenAvides）发现：
"焦虑是一种将对未来痛苦的想象强加于当下的心理习惯。"他解释道，焦虑和恐惧都完全是想象的产物，对真实世界没有任何实质的影响。

"焦虑是恐惧的副产品。人们不该生活在对未来痛苦的持续焦虑中。人们只是被恐惧和焦虑囚禁在想象出来的围墙里。"

我们往往会将看到的世界投射到不理性的恐惧之上。其实恐惧只是头脑里生出的幻象。**让我们恐惧的并不是世界本身，而是大脑生出的想法。**

- 你愿意看清恐惧的真实面目——假象或幻象吗？
- 你愿意清除想象出来的恐惧吗？
- 你愿意接受不理性的恐惧其实是自己捏造出来的、仅仅是存在于脑海里的幻象吗？

若你的回答是"愿意"，那么你将打开通向无畏无惧新生活的大门。

拉尔夫·沃尔多·爱默生（Ralph Waldo Emerson）说过："去做你害怕的事。"愿意承认恐惧只是我们想象出来的，很大程度上对自己是一种解放。

"我们眼中那个看似疯狂的世界只是一个失效的信仰体系的产物。要想看到不一样的世界,我们必须愿意改变信仰体系,让过去成为过去,扩展对当下的认识,化解思想中的恐惧。"

——威廉·詹姆斯(William James)

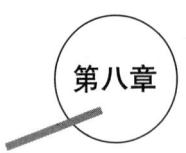

第八章 只专注于一件事，坚持直到成功

专注重要的事

不专注是很多人会犯的错误。脑子里的想法越多，越想开始更多项目。同时进行的项目越多，精力就会越分散和碎片化，实现其中任何一个项目的可能性就越小。

看过别人表演在杆子上转盘子吗？转的盘子越多，越难一直转下去。他们努力想让所有盘子都转起来，若放的盘子过多，最后盘子要么飞走，要么掉在地上摔成碎片，表演者只好放弃、退场。

我知道无数创业者（包括我自己）都有一个长长的、炫酷的待实现项目列表和一个长长的、炫酷不起来的已实现项目列表。我们做列表的原因是脑子有想法，就会形成想法已经实现的感觉。问题是想象项目完成与将想法落实是不同的，而且要做成生活中大多数的事情所耗费的时间，都比我们想象的久得多。

因此，如果我们真的想实现重大突破，就必须将目标简单化并做到专注。我们可以有远大的梦想，但不能同时以同样的方式去实现所有的梦想。

不专注、将精力分散在很多事情上,通常是一些更严重的问题的表现。像没头苍蝇一样不停地乱转,可能只是在掩盖我们非理性的恐惧,逃避做成事情,逃避影响力的发挥,逃避真实生活带来的苦楚。因为,相比专注于做成事情并改变世界,整天忙忙碌碌更容易一些。因此,下次你发现自己被各种事情围绕的时候,可以试着后退一步,看看自己到底在做什么。

你到底为什么在做这些事?到底发生了什么?你在害怕什么?

如何保持专注

要克服精力分散的问题,必须使用"突破"法。请记住这个经典的缩写:FOCUS(意为"专注")。

"F":Follow 跟踪

"O":One 一件

"C":Course 事情

"U":Until 直到

"S":Successful 成功

这不是说永远只做一件事,不是将余生与一件事绑定,不是说不能休息,或不能有其他选择,而是一次只选择专注一个主要项目,将其完成之后再尝试做其他事。

完成主项目后，如果想再做其他项目，也是可以的。但记住要把大部分精力放在主要项目上。

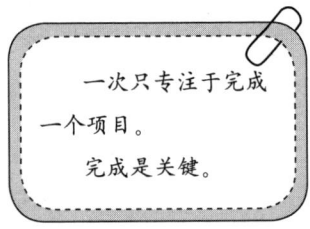

专注一件事直到成功

接下来，我强烈建议大家选择一个想完成的主项目并专注完成。一旦项目做成，就可以用同样的方法专注于下一个，再下一个，最后创造一系列成功的故事。

现在就开始做一件主项目吧。你要专注的主项目是什么呢？

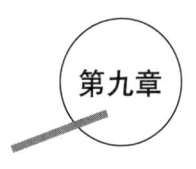

第九章 与其花时间自我怀疑,不如立即去做

"最让我们恐惧的不是自己的能力不够,而是自己的能力超越了界限。让我们心存畏惧的不是我们的黑暗,而是我们的光明。当我们允许自己认识到万物的美好,就会充满喜悦。爱,我们生来就会,而恐惧是后天习得的。在每个社区,都有工作需要人做;在每个国家,都有伤痛需要医治;在每个心灵中,都有力量可以去实现梦想。"

——**玛丽安·威廉森**(Marianne Williamson)

在还没开始做事之前,我们可能就已经被自我怀疑摧毁了。抗拒心理与自我告诉我们:自己不够好,做了可能也会失败,何苦去尝试。自我怀疑让我们退却、保持沉默、假装忙碌,将自己困在自满与千篇一律的牢笼里,最终沦为奴隶。因此,我们被困住,为了不让别人不安而拒绝做与别人不同的事,拒绝让自己大放异彩。

好消息是我们可以躲过这场"自我"的游戏。通过培育同理心,我们可以摆脱自我怀疑,不再担心别人的评价。

当对他人的痛苦保持开放和清醒的态度,并意识到他们需要你的帮助时,你就产生了同理心。

问自己如下问题并考虑其影响,来产生同理心。

你会救溺水的朋友吗,还是会让他溺水

回到我刚才给客户描述的场景。

你正和要好的朋友在海上玩儿,其中那个不会游泳的朋友掉下船,开始呛水。你会:

A. 回到船舱里,试不同的泳装,看哪个最好看。

B. 到船的另一边,练几次跳水直到完美,给船上所有人留个好印象。

C. 穿着衣服、戴着手表立即跳下去救朋友。

答案当然是 C。救人可不能耽误时间!

但认真地说,选择 A,就是我们在生活中经常干的事。

我们因为担心自己的样貌而经常拖延,骗自己除非减肥或是买个好相机,否则没人会喜欢我们。

但有人快要淹死了!他们此刻就需要你的帮助!

我们认为自己还没准备好,还需要练习。但事实是:大多数人并不在乎。他们被更严重的问题纠缠,急切地盼望着有人

能站出来帮自己。

大多数人都被自己的问题弄得焦头烂额，很难抽空思考你的问题。所以当你站出来帮他们时，他们会赞美你。

此时此刻，真的有几十亿人需要帮助。他们并非不可救药，只是没人教他们怎么游泳。你可以教给他们，你可以赋予他们力量，你可以叫醒他们。

那么多人在以那么多种方式求助。有些就是在向你本人求助，他们需要你，需要你帮助他们，教他们怎么游泳。

为什么是我？你可能会问。

为什么不是你？你游泳游得比别人好，你可以帮上忙啊。

你游泳可能不是世界上最棒的，你可能没有最时髦的泳装，没有完美的身材，你可能不会最帅的跳水姿势，但你会游泳。无数人因为不会游泳都在溺水呢！

你不需要很完美，只需要打开心扉，让自己释放一点光芒。

你会帮助他们吗？还是你忙着看镜子里的自己？

你会赋予他们力量吗？

你可以去改变一些人目前的生活，哪怕是很小的一部分。

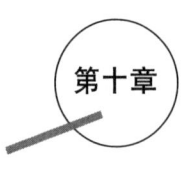# 时间不等人,当下便是行动最好的开始

时光荏苒,世界变化之快,让我们难以跟上节奏。迟早这个叫作"生命"的东西会结束。停下来,想一想,生命有多珍贵,时光流逝得有多快。

当下即是此刻、现在。当下正在逝去,你读到的上一句话,现在只是你脑子里的一个记忆片段;在你读这个字时,下一个当下已经出现,之后是再下一个,永无止境。

此刻!当下!

你还没反应过来,一年的时间就过去了,两年、三年、十年也会很快过去。每天,你的身体都在老去、退化。每过一年,你就向难以逃脱的死亡靠近一年。

你的身体会很快死去。即便你现在健康、年轻,但没人能保证明天还会这样。关于年轻人意外死亡的事件新闻里常有报道。

迟早你也会失去传递信息、分享天赋的机会。当你在弥留之际,你想为人生被自己耽误而后悔吗?还是你想回首自己与他人分享友爱和天赋的美好记忆。

到头来，人生重要的不是完美与否，不是浪费时间担心别人怎么看我们，也不是浪费时间做微不足道的事，而是你是否享受活着？是否与他人分享天赋、创造不同？是否给予爱和接受爱？

生活中，有些事情可以产生真实的影响，而有些事情本质上毫无意义。找出最重要的事，然后全身心投入。

今天可能是我们人生的最后一天。

这个月可能是我们人生的最后一个月。

让今天值得纪念。

让今天变得美好。

让我们一起做重要的事。

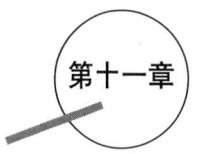

第十一章 不会休息的人，无法火力全开

我们希望每天、每周、每年都可以保持实打实的工作状态。可现实是，我们真的需要通过休息来补充能量，让自己焕然一新。我们还需要简简单单地享受活着，而不是让自己的整个世界都被工作主宰。生活不止有工作。很多人认为自我价值与产出相关，但实际并非如此。这种无意识的信念驱使大多数人过度工作，该信念可以被总结如下。

你没有内在价值。你的价值完全来自你生产的有价值的东西，或至少来自忙碌。忙着，说明你很重要。休息，就是犯懒，你应该感到羞耻。快回去工作！

这种信念的问题在于假如我们一直工作、工作、工作，会崩溃、透支，会生病、抑郁，会发生意外，会忽视身边的人，会毁掉亲密关系，最终孤独终老。

我们来到这个世界上，不只是来每天拼命工作的！我们还是来享受活着，享受与他人产生联结，享受探险与旅行等有意思的事的!

有些人比别人更难停下来休息。但无论是谁,都需要时间来享受丰富的生活。

先弄清楚这样生活的原因很重要。随后,我会再分享一些简单实用的方法,让你能够高效休息,快速恢复元气。

为什么你需要休息

假如没有足够的体力,我们就做不了任何事。如果你感到疲惫、低血糖、睡眠不足、肾上腺素分泌不足、脱水或其他身体不适,就无法高质量地工作。价值高的创意活动需要能量、活力和清醒的头脑。病恹恹、情绪起伏不定、疲惫不堪、无精打采的状态,是难以产生灵感的。

休息让我们能够从不同的角度看待工作。你有多少次在洗澡或做与工作不相关的事情时,想出了一个好点子?或工作中被一个问题难住,纠结好几个小时,最后无奈放下,却发现睡一觉醒来后想到了解决办法?几乎所有创造型的人都会告诉你,做与工作不相关的事能够让自己从全新的角度看待工作,产生创造性的想法和解决方案,而这些是你在连续工作12个小时的状态中想不到的。

画家和摄影家经常会站在不同的角度审视自己的作品。作家经常会在写作间隙出来走走,让创意流动。不管你在做什么,都需要变化角度来使工作做到最好。

如果整个人生都围绕工作展开，就会错过其他让活着更美好、更惬意的事情。

活着是个复杂而又神奇的经历。与所爱的人建立有意义的关系，花时间享受自然、艺术、食物，尝试新活动，到其他地方旅行，享受精神放松等，这些都会对生活产生积极而深刻的影响，并在更高层次滋养我们。

生活若是缺少了其他层面，人生可能会发生倾斜，并最终让我们后悔自己的选择。弥留之际，很多人对工作时间太多、享受人生与爱别人的时间太少而后悔不已。我们最好现在就吸取教训。

即使如此，相比无使命感的人，有使命感的创意型人才会更痴迷于工作，更难以平衡生活与工作。也就是说，要竭尽全力产生影响，实现使命，你需要在工作上投入更多时间。假如你所从事的工作就是心之所向，对你有着深刻意义，你会感觉被工作滋养着、召唤着。在这种情况下，休息、健康、开心仍很重要。

总之，无论你多么热情高涨，身体和大脑都需要休息、恢复，才能让自己发挥更大潜力。如果忽视这一点，你的工作和生活都会遭殃。

因此，要想高效工作，我们还需要善于休息。

最有效的休息方法

在 21 天挑战里，我建议你做如下尝试：

- 每天白天至少实打实地休息两个小时；
- 每周休息一天；
- 完成一个项目后，庆祝一下，休息几天，正式结束项目，并准备好迎接下一个项目。

现在开始吧

现在你已经掌握到关键了，开始行动吧。同时要记住，越快应用越好。不要浪费时间试图掌握所有信息。专注于行动，边学边用。现在就开始吧！

第二部分

开启效率革命,从此所向披靡

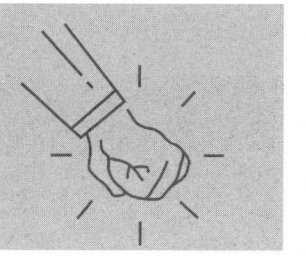

"唯一不可能的旅程是你从未开始的那个。"

——安东尼·罗宾(Anthony Robbins)

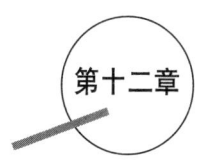

第十二章 突破限制、享受挑战、高效休息,效率革命的三大关键

无时不在的抗拒

抗拒的目标不是伤害或致残,而是杀死你。抗拒瞄准的靶心正是人的核心:天赋、灵魂,被赐予的独一无二且弥足珍贵的天分。抗拒意味着忙碌。当我们反击它时,就卷入了一场恶战。与内心的抗拒作战可不是件小事。

——史蒂文·普莱斯菲尔德《艺术之战》
(Steven Pressfield,*The War of Art*)

经过七年的研究和实验,我终于发现并总结出了一套将拖延和抗拒一网打尽的方法。大多数人都有美好的想法和梦想,但内心的抗拒阻碍了他们的脚步。

在东方哲学印度史诗《摩诃婆罗多》(*Mahabharata Epic*)的第18章"薄伽梵歌"(Bhagavad Gita)中讲述了一个震撼人心的故事。在战场上,一个叫阿朱那的人对如何打赢战争毫无头绪,因此不愿作战。在神力的帮助下,他意识到真正的战斗是发生在自己内心的与心魔的战斗。

假如我们允许被内心的敌人打败，那我们就会被打败。然而，如果我们站起来捍卫自己的人生和使命，并用一套所向披靡的方法武装自己，直面战斗，我们终将胜利。

所向披靡的 21 天挑战能帮你打赢与内心敌人和外部困难的战争。它会让你明白如何一步步将想法变为现实，如何享受非凡人生。

有了这套已被验证的方法，你将获得实现人生目标的能力。经过充分实践，你甚至会对自己的成就感到惊讶。

所向披靡的 21 天挑战包括三个阶段：

- 突破（Whack）
- 行动（Act）
- 放松（Relax）

三个阶段首字母连起来就是战斗（WAR）。

因为在挑战期间，你会与自己内心的抗拒作战，与所有限制你的想法、自我摧毁和阻碍你实现自我的借口作战。挡在你和成功之间的是抗拒。而这里我们所提到的战斗的三个阶段，可以帮助你将所有阻挡你前进的理由与借口一网打尽。

开启这段旅程，你将成为自己命运的主人。你将重拾力量，创造冒险人生。

你愿意将人生变成一系列成功的冒险旅程吗

随着旅程的开启,你会认识到你就是自己人生的英雄。英雄选择冒险,进入未知的领地,直面内心的恶魔与外在的挑战,最终获得将世界变好的灵丹妙药。单靠想是不够的,想法只是开始。真正的挑战是让想法变为现实,并循环往复。

本书是你英雄旅程的开始,在旅程中,你可以将想法、理论和灵感转化为真实的生活细节,反复使用这套方法来实现待办清单上的项目、想法、愿望和使命。

21 天挑战的目标是将每个月都变成一场有趣、激动人心的旅程,每个月你都有一次成功的机会,每个月你都可以做一些对你来说最重要的事情,并享受放松和充电的休息时间!

所向披靡的 21 天挑战——快速概览

阶段 1:

突破(W = WHACK)!挑战前准备——不战而胜

了解 21 天挑战计划,先胜而后求战。[①]

[①] 原句为"胜兵先胜而后求战",出自《孙子兵法》,意指能打胜仗的军队,总是先创造胜利的有利条件,而后才寻求与敌人开战。

阶段 2：

行动（A＝ACT）！实现所向披靡的 21 天挑战

开始 21 天的超强行动，让不可能成为可能。

阶段 3：

放松（R＝RELAX）！庆祝并休整

挑战后，要休息、放松、充电、庆祝，为下一个任务做准备。

这三个阶段将给予你与抗拒作战的力量，打赢这场战争，并屡战屡胜。

- 突破、行动、放松
- 准备、开始、庆祝
- 明确、创造、休整

这三个阶段会让你无所不能，所向披靡。按照这三个阶段来，成功就会属于你。

下面，一起来看一下三个阶段的具体内容。

阶段 1：突破（W=WHACK）！挑战前准备——不战而胜

"是故胜兵先胜而后求战。"

——孙子（Sun Tzu）

"突破"是21天挑战的核心所在，这个阶段可以让你在开始行动前瓦解内心的抗拒，在挑战开始之前就不战而胜。

世界级运动员和军事领袖都清楚战斗首先赢在内心。如果缺少正确的心态和准备，就不可能成功。缺少先见，准备不足，会使无数梦想在光明出现前就夭折。这场内心的战争是真实且鲜活的，每一天都折磨着几十亿人。

大多数人未能实现目标和抱负，不是因为懒惰（当然有一些是），而是因为他们走向目标的方式就像小羊走向屠夫，毫无准备，毫无计划，且大大低估了敌人的实力。

抗拒这一敌人无处不在，像病毒一样寄居在每个人身体里。抗拒常常在我们虚弱时进行打击，阻挡我们变得伟大。它是个无情的东西，谋划出无数精巧的伎俩让我们分心、灰心，追求成功却从不可得。

如果你想成功、快乐，就必须清醒地意识到敌人的存在，在思想和行动上都赢得这场战争。如若不清楚敌人的存在，则无异于自杀。如若不清楚敌人是谁，人生将输给那些无情的破坏分子。

没有获得成功所需的前瞻眼光和正确方法，我们将会陷入手足无措、注意力涣散、自我破坏和悲观绝望的漩涡中。因此，21天挑战中的"突破"体系至关重要。

好消息是有了这个"突破"体系，你将早早摧毁障碍和阻力。

我将这套方法体系称为"突破",是因为这套体系运行起来就像一个武器,可以用来打击拖延、懒惰、肤浅、追求愉悦但不真实的生活。

> "突破"之所以重要,是因为大多数人都清楚想要什么,需要做什么,但却不去做!

我们的问题不是缺少知识,而是缺乏行动。"突破"就可以解决这一问题。

在生活中践行"突破",你的人生将从此不同。"突破"体系是个强有力的武器,可以一举歼灭拖延,将你变成一个势不可挡的成功的创造者。你将在同样的时间内,取得过去数倍之多的成果,就像解锁了体内的超能力。现在,你最珍贵的梦想和目标都变得可控且更有趣了,每天、每周、每月都是实现个人突破的机会。

突破(Whack)是不战而胜的秘密武器,分为以下几个步骤。

① W= 你想要什么?(What)

确定你的目标,明确是什么、为什么、什么时候实现、在哪里实现。

② H= 如何实现?(How)

制订一个简单的计划,让你的项目以最快的速度、最容易的方式推进。不需要提前了解所有信息,只需设计好前几步就可以了。

③ A= 绝对负责(Accountability)

确立严格的负责制,确保你做这件事能获得成功。有了绝对的负责制,你就不再会被各种借口打扰并分散注意力。这也意味着你要对其负责,设定不做及做不到的后果。这些后果会起到鞭策自我的作用,让你轻松做到那些一直在拖延的事。

④ C= 条件(Conditions)

在生活中设定哪些情境有助于取得成功呢?在这一步中,我们要创造理想的条件和框架,让你能够展现出巨大的行动力。

⑤ K= 开始(Kick-Start)

在"突破"的最后一个阶段,你将明确在 21 天挑战中需要采取哪些行动,才能将想法变成现实。之后,你就可以进入第二阶段,开始 21 天挑战。

这就是"突破",让你不战而胜的秘密武器。你将变成行动力爆棚的人,变成有能力实现目标、获得成功的人。

一旦完成这一阶段,你将明白自己到底想要什么,如何打败抗拒，实现目标。你将活在新的状态里。你会奇迹般地发现自己能够以从未有过的方式实现目标，并满怀信心和力量地进入 21 天挑战阶段。

现在，该行动啦！

阶段 2：行动（A=Act）！实现所向披靡的 21 天挑战

开启你的英雄之旅，开始行动，坚持 21 天，让不可能变得可能。

> 研究战争是一回事，打仗又是另一回事。
> ——阿卡迪亚的特拉蒙（Telamon of Arcadia）

到了第二阶段，你就十分清楚想达到什么目标以及如何以破纪录的速度实现目标了。现在就开始踏上 21 天挑战的旅程吧，完成它，践行你的使命。

到目前为止，你只是在为开启旅程做准备。21 天挑战是一场将理论与实践相结合的旅程，是你自己人生的英雄冒险的旅程，是将想法变为现实的旅程，更是从现实走向理想的旅程。

在这 21 天里，每一天醒来，你都会感觉元气满满，充满动力，能够采取有效行动，让自己向目的地靠近。在此期间，你会发现自己在做以前从未想过会发生的事,并创造出卓越的成果。

这是一个测试你力量与决心的旅程。这场英雄之旅会为你带来各个层面的深度转变。在这场旅程中,你人生的主人——你自己将践行使命,采取行动,让你的项目、目标、梦想和愿望变为现实。在这场伟大行动中,你将创造以前从未存在过的新事物,并由此改变世界。在这场旅程中,你将乐于冒险,愿意接受失败,同时体会到神奇、喜乐,并收获经验、幸福、成功,以及认识到人生充满意义的喜悦。

英雄之旅就是放下昨天的自己,发现真实的自己及自己当下的潜力。

生活是一个极其复杂和神奇的旅程。你是带着使命来到这个世界的。发现你的使命并践行它是你的神圣义务。

最后,到了第 22 天,你将实现目标,并准备好迎接来之不易的休息,也就是 21 天挑战的最后阶段。

阶段 3:放松(R=Relax)!庆祝并休整

现在已经实现目标,你该庆祝胜利并享受生活了!第三阶段是挑战后的休息,是你休息、恢复、庆祝并准备践行下一个使命的阶段。在这个阶段,你应远离工作,享受生活,庆祝胜利,沉浸在成功的喜悦之中。这是放下工作、享受放松的时候!这是你应得的,你是英雄!

在 21 天挑战的最后一个阶段，你可以享受推迟已久的娱乐活动，真正享受自己，享受生活。有些人会去度假，有些人会切断网络，享受待在家里读书、放松、照顾花花草草等，还有些人会开个大派对或来到野外，彻底远离一切工作，完全放松。放松的方式数不胜数。

无论你想以什么方式庆祝，都由你说了算。这是你的人生，你可以趁此机会深入地拥抱生活。

大多数人都十分习惯工作到死，片刻不息，以至于完全放松、庆祝成功、享受生活本身变成一件不可思议的事情。

花时间放松和享受生活，本身就是一项成就，它让你暂时放下工作，以充满强烈成就感的方式享受生活。

需要注意的是，为充分利用庆祝时间，请在 21 天挑战开始前就计划好庆祝方式，不要留到最后一刻。

总之，21 天挑战的设计初衷就是重新给生活注入喜悦与激情，以自己喜欢的方式玩个大型游戏，同时实现一直以来的梦想，将人生变得神奇、有意义且充满力量。

成功接踵而至

整个过程体验过一次之后，你将能够以同样的方式、闪电般的速度改变生活的其他方面。你可以将这一方法运用到任何方面，如花 21 天完成一个项目、改掉坏习惯、养成新习惯、减肥、健身等任何想做的事。

这种方法真的可以改变生活，因为它强迫你尽最大努力工作，甩掉拖后腿的所有借口。每天起来，你将不再是浑浑噩噩、半梦半醒地希望梦想实现，现在你拥有了专注最重要的几件事的力量。

该方法能够让你变被动为主动，将能量聚焦在最有效的行动上，将内心最深处的目标变为现实，让努力得到回报，将自己变成一个专业人士，且言必信，行必果。该方法就是你解锁深藏于体内超能力的钥匙。

开始行动时，事情就变简单了

我承认：第一次按照这个方法做事时，可能会发现这个方法有点复杂。但像学开车一样，一旦掌握技巧，你就可以立马跳上车，转动钥匙，脚踩油门，开启探险模式了。

强烈建议你读完所有步骤再开始自己的 21 天挑战。

第一次设定 21 天挑战可能花的时间会长一些，后面会越来越容易，你将看到成功在不断扩大，冒险开始变得有趣且有回报。现在我可以在 30 分钟之内设定一个 21 天挑战，你也将同样能够做到。

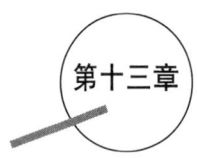

第十三章 突破限制1：深入分析你的目标

你想实现什么目标？你想最终获得什么结果？如果不清楚自己想要什么，你什么都做不到。目标不清是拖延的主要原因之一。如果不知道目的地，就无法做好行动计划。

混沌和迷茫让我们安于现状，过着随遇而安、毫无成就可言的生活。混沌让我们从一个危机滑向另一个危机，从来完不成任何目标，你又或不能向前迈出重要的步伐。毕竟，不知道目的地在哪里，你又如何能前进呢？

不清楚想要什么或终点在哪里，就会像水里的浮萍一样随生活的波动浮沉。如果你出奇地幸运，可能会流落到某个美丽的岸边。但如果你将人生交由他人，你更可能发现自己陷在有毒的沼泽里，还纳闷自己到底是如何沦落此地的。不要让这样的事情发生。如果你发现如今的生活令自己憎恶，生活也可以从今天开始变得不一样。今天你可以逃跑，可以选择自己前进的方向和轨道。你可以立即花点时间想清楚到底想要什么，召唤你所有的能量去改变现状。

接下来 21 天里，你想实现什么

在这一阶段，你会十分清楚：

- 要实现什么目标（工作或项目的最终结果）？
- 该目标为何重要（深层动机是什么）？
- 你想何时完成（截止日期、完成日期）？
- 在何时何地完成（实现成功的实际时间和地点）？

想清楚这些你将首先给那些破坏生活、阻止前进的声音当头一棒。生命如此短暂，把时间浪费在小事上是不值得的。每秒钟都很重要！

如果你只能再活 21 天，你会做什么

可能你有很多想做的事情，我们来给新手们整理下思路吧。将大脑和心里所有的想法、担忧写到纸上。写下来极其有用，这是打败拖延这个怪兽并捋清思路的第一步。拿起纸和笔，给人生中那些负面的声音首先一击，同时给自己前进的力量。

花点时间做这件事，未来会得到无数回报。来吧，拿起纸和笔（或电脑），回答下列问题。

第一步：你想做什么

写下所有未完成和给你压力的事情。写下所有你想在接下来 21 天里完成的事情。认真做，这会让你深深松口气的。

第二步：选一个接下来 21 天里要实现的目标

你可能会列出一长串未完成的任务、未实现的想法，你可能有实现所有想法的冲动。也许假以时日，你可以将所有想法一个个实现。但现在，就选一个，在接下来的 21 天里专注完成。保证所选的是对你极其重要且有价值的事，是在 21 天里可以完成的事。问自己这个问题：如果你在地球上只剩 21 天时间，你选择会做什么？这个问题会帮助你获得专注。

要取得成功，至关重要的一步是选择你认为 21 天里可以实现的目标。大脑可能会想象各种项目已完成的样子，把事情想得简单容易。我们要将这一点也考虑进去，确保目标合理。

你比任何人都了解自己和自己的计划，所以诚实点，在不让自己崩溃的情况下，发挥自己的最大潜力。如果你能完成自己的目标，你将会增长自信，有信心完成更多目标。可以的话，先试着做相对容易的事，以后慢慢加大难度。记住，这个方法的目的是不断实现各种目标，让每个月都有趣、刺激、有所成就。

如何决定呢？你心里可能已经很清楚要做的最重要的事是

什么。这件事可能在向你招手。看下你的清单，选择你最想做的那件事。如果 21 天不可能完成清单上任何一件事，就将一个大目标切分成几个小目标，选一个在 21 天里接受挑战。比如，如果你在写一部一千页的书，不要想在三个月里全部完成，要将挑战调整为写几章或完成一定字数。

如果还是不确定，看下你的各种想法，问自己：

- 哪些想法可以在最短的时间里产生最大的积极影响？（列出前 20%。）
- 这些想法可以带来实实在在的结果吗？

确保你在做有信心可以实现的事。如果还是不确定，就说明这种不确定只是另一种形式的拖延，那就选个最简单的事去做！

有时候，在生活中，我们会遇到两个选择平分秋色的情况。在这种情况下，闭上眼睛，两者之中随便选一个开始做。重要的是选定一件事并行动起来。

这个目标为什么重要

现在你知道想要什么了，就准备启动计划吧。驱使我们达成目标最强大的力量就是清楚地了解为什么这么做。

"大大的问号"能帮你探究做某事最深层次的原因。在行动背后,有种看不见的力量决定着我们能否继续前进。那么,一起找出实现某目标的动机吧。

练习:找到"做"或"不做"某事的原因

想象自己已经实现了所选择的目标。现在你已经做成了,你很棒,很成功。闭上眼睛,努力想象和感觉自己完成使命的样子。

感受片刻后,回答这些问题:

- 为什么做成这件事后你的生活会更好?
- 你感觉如何?
- 为什么这件事很重要?
- 做成这件事的其他好处有哪些?

写下完成任务带来的积极好处后,我们来看看做成这件事能避免哪些负面影响。为什么要这么做?因为人们常常想避免痛苦。我们可以利用这一点,让自己十分清楚实现不了这个目标生活会是一团糟。

花点时间,列出不完成目标会造成的所有负面结果。

写下来,这样你就会感受到拖延带来的痛苦。写下来你就会真正感受到实现目标带来的快感与实现不了带来的痛苦。

- 如果不做，会发生什么？
- 如果不做，生活会变得更糟吗？
- 如果不做，会让谁失望？
- 如果不做，你会感受到哪些消极情绪？
- 拖延做此事会带来哪些消极后果？

一旦写下来，你就解决了"大大的问号"。当你一想到做这件事就感到激动时，你就知道自己已经十分清楚实现该目标的驱动力了。如果你感到某种程度的焦虑、恐惧或担忧，那也没问题。实际上，你越担心越好。因为这表示你真的很认真。如果你不感到激动（或至少担心），回到上一步，选别的事情做。为什么要在无所谓的事情上浪费时间呢？这样最终什么都实现不了，还会让你觉得自己在浪费生命。

设定截止日期

现在明确了目标，清楚了实现目标的原因及动力，那就写下完成日期吧。不设定截止日期，目标就变成了充满侥幸心理、幼稚、异想天开的想法，截止日期会让你更专注，能够按照重要性将待办事项进行排序。日期能让我们停止浑浑噩噩，开始将想法和梦想变为现实。

你的完成日期是什么时候

你为实现目标设定的截止日期是什么时候？选一个具体日期。

明确日期，给自己足够的时间；但同时也不要太宽松，否则就不起作用了。

> 我要在 (日期) 前完成 (目标)。

棒极了！目标如此清晰的感觉是不是很棒？

践行目标的地点

在家里的桌子上，还是要去哪里？在车上、公交车里、飞机上、办公室里还是野外？

想清楚你要在哪个地方完成你的目标。想象自己完成手头任务的样子，写下完成任务的地方。

写下宣言，让计划无比清晰

> 我将在 (日期) 前专注完成 (目标)。

> 这件事对我来说很重要，因为 _____
> _____
> 我会在（时间、地点）做这件事直到完成。

比如，下面是我为这个项目做的宣言：

我要在 2018 年 9 月 1 日前完成《21 天告别低效人生》一书，并把网站建好。

这对我来说很重要，因为它会赋予更多人前进的力量，并让我每个月都有所成就，提高我的收入，影响他人的生活，点亮行动的道路。

我会每天从早上到午饭前在书桌上做这件事。

这种清晰明确的宣言有着强大的力量，但还需要让它更真实，更接地气，可以在你生活的空间放一些简单的图片、文字或物品来提醒自己。

愿景板

做一个关于成功的愿景板很有用，这样每天你都可以看到自己的理想目标，并感受到动力。制作能激励你实现目标的图片并将其放在明显的地方,可以起到显著提高行动力的作用。

比如,如果你的目标是写本书,做一个模拟封面,打印出来,包在一本书上或钉在墙上。

越能清楚地看到目标,越容易保持动力,越能持续采取行动。

使用有激励作用的图片

能产生激励作用的是已完成的产品、自己感觉很棒的图片、客户满意的图片或从你工作中受益的人的图片。发挥创意,任何能代表最终成功结果的东西都可以。

最终结果应该能让你开心,能给你带来动力的。如果起不到这个作用,就换掉,直到看到的东西让自己感到动力十足。你可以使用符号、图片、颜色或其他任何有助于你感受到成功的最终结果的东西。花几分钟时间思考一下,并想象会做成什么样子。

一旦有想法,就打印出来、做出来或以其他方式呈现出来。之后,你会立马感到好像真的在做这件事,你会发现体内的能量在变化。

将愿景板放在有利的地方

你可以把图像放在你最常看见的地方。比如,面向工作书桌的那面墙，或是工作时会反复看到的地方。

设计并制作精致的图片可能会花点时间。你可以将一个物品或图片放在某个地方激励自己，可以是将一本励志书放在书桌上提醒你自己要写的书，或将别人开心的照片打印出来，贴在你经常望向的墙上。每次看到图片或物品，你都会想起自己的目标。我已经将"21天挑战"几个字打印出来，贴在书桌前，提醒自己做这个项目，并确保完成。现在，找一个激励你的物品或图片提醒自己，并放在可以经常看到的地方。现在就做，你会立马感到充满能量。

第十四章 突破限制 2：制订一个强大的计划

明确目标只是一部分。很多人有很大的愿景、很棒的想法，但当你问他们打算如何实现时，他们就沉默了，甚至胆怯、坐立不安，尴尬地盯着脚面。

没有行动的愿景只是幻想。没有愿景的行动又有点神经质。

若要在 21 天内将想法变为现实，我们需要清晰的愿景和坚实的计划，让我们能够一步步向愿景和目标靠近。

愿景即目的地。计划就是到达目的地所走的路线。正如从一个地方到另一个地方有很多路线和交通方式可以选择，实现目标的途径也是如此。你可以开车、坐公交、坐火车、坐飞机、乘直升机或走路，但不是所有路线和交通方式都一样。虽然所有路线都能将你带到同一个地方，但没有任何两条路会带给你同样的体验。有些路线更愉悦、容易、有趣，有些路线更艰难，花费的时间更多，还有些路线注定要失败。但要小心，有些路线会欺骗你，把你带偏，最终你会筋疲力尽，与目的地相去甚远。

如果你在开始前能找到实现目标的最佳路线，就可以给自己省去很多时间。如果没有，可能你浪费很多时间，却实现很少的目标。花点时间制订一条能达到终点，也对你来说最合理、最有效的路线。

> 要制订一个强大的计划，首先要认识到不是所有的计划都能产生一样的结果。

你做的有些事会迅速带你向目标靠近。而有些事可能看起来有用，但实际上对达到目标并无益处。比如，如果你的目标是为朋友做顿美味的大餐，你可以做一个从未做过的菜，浪费时间，浪费金钱，最终筋疲力尽却未达到目的；或者你可以做个熟悉、客人会喜欢、一个小时就可以做好的菜。哪个选择可以更好地利用时间呢？

实现目标的过程中，要记住地图与实际地形不同，所有的计划都可能会改变。也就是说，你可以稍微放松一点，对所有想法保持开放的态度，尽最大努力，同时明白你所有的计划都可能，也很可能会发生变化。

练习：找出到达目的地的最佳路线

第1步：到哪里去

写下你想实现的目标，即愿景或目的地是哪里。如果你已经做了上一道练习题，你应该已经清楚自己的目标了。如果还不清楚，翻回去先搞清楚！

第 2 步：制订第一版计划

写下你能想到的实现结果的最佳计划。从 A 到 B 需要采取哪些步骤？如何才能从现在的位置到达目标位置？

比如，如果你的目标是在 21 天内写完一本书，你的计划应该是这样的：

- 确定标题；
- 写初稿；
- 花点时间远离写书，沉浸在大自然中；
- 写第二稿并优化；
- 写第三稿；
- 写第四稿；
- 写第五稿；
- 发给信任的读者，征求反馈意见；
- 添加反馈内容；
- 发给编辑；
- 定稿。

第 3 步：按照顺序制订计划

计划是从现在的位置到达目标位置的路线。你可以使用像谷歌地图这样的导航应用程序输入目的地（愿景），地图上会显示每一步该怎么走，将你从起点带到终点。如果路线不是按顺序走，而是随机的，会怎样呢？结果便是你会在该拐弯的地方卡住，最终难以到达目的地。

做事的道理也是一样的：你需要按照顺序制订计划，这样你才可以一步一个脚印，一直向前走。看下你的任务清单，重新排序，按照顺序步骤排列你的清单任务，以达到最佳效果。

第 4 步：制订第二版计划

现在，有意思的部分来了。看看你的计划并问自己：

- 怎样少工作，少花时间，还能得到同样的结果？
- 如何才能使计划至少快四倍，容易四倍？

如果有人帮你解决你不擅长的问题，也可以节省大量时间。有时，有些步骤可以合并或去掉。如果你愿意改变思考方式，尝试各种可能性，总会获得更好的选择。

比如，如果你将书发给 100 个人审阅（不建议这么做），很多人提出的建议可能毫无意义，但却可能耗费你很多时间，让你筋疲力尽。其中几个人给你的真正有效的反馈，可能比其他所有人给出的建议加起来还要有效 10~50 倍。关于改几稿的问题，我认为通常三次修改就足够了。有些作者建议发表初稿，因为初稿"真实纯粹"，有些人认为至少要改十次。

到底怎样才能得到你想要的结果呢？在很多情况下，我们会过度分析、过度修改，最后花费数月时间绕圈子，直到最终放弃。这种方法可不是最有效的。

放松。让你的天才大脑给出一个更好的方案，省时又省力的方案。总会有更有效，更容易的方法，那会是什么呢？

将下面这个问题写下来，看看会发生什么……

怎样才能让工作更有效，即做得更少，收获更多呢？

写下来这一步有奇效。如果你脑子里没有立即出现任何答案，也不要跳过这一步，继续问自己："我怎样可以做得更少，同时获得更好的结果？"让你聪明的大脑给你答案。最佳答案最有可能在你放松的时候出现，拿起纸和笔（或记笔记的数字工具）以便答案出现在你猝不及防的时候。

要是你压根儿不知道该怎么做呢？有时候，我们就是对该如何做成一件事毫无头绪。这种情况下，下面这些小贴士可以让你的思维清晰一些。

贴士1：写下你知道该采取的步骤，其他的不要担心

我的好朋友泰勒·考尔（Taylor Call）有过一个想法，创建一个专业的绿色运动组织。一个专业体育赛事所产生的垃圾

量可能比一个小城市都要多,更不要提耗电量了。支持专业运动队打造百分之百生态赛事,对健康和环境的影响是巨大的。这是一个可以产生重大影响的宏大想法。她还希望所有运动队和粉丝都主动参与进来。

那么她到底要怎样才能做到呢?这是个价值数十亿美元的想法,涉及几十万人,涉及将不同对立的运动队团结起来。她不知道该怎么做,但她知道可以先从小的步骤开始,做可以做的事。当下立马可以做的就是注册网站。因此,她注册了绿色体育联盟的域名(greensportsalliance.org)。

然后,她开始游说,并坚持认为有人有能力实现这一想法。

终于,有一天,她接到一个人的电话,问她为什么注册了他想注册的域名。那个人说他也有过几乎一模一样的想法,他现在的老板有几支专业运动队,有能力立即将这一想法变为现实。从那以后,绿色体育联盟成为世界上最有影响力的环保组织之一,上百个专业运动队、场馆、众多运动员、数千名粉丝都已经加入进来。这都起源于一个宏大的想法和一个小小的行动。所以,去"注册域名"吧!

贴士2:求助

你不必知道所有问题的答案!世界上有70多亿人呢,说不定某个人已经有你需要的答案了。而且,通常情况下,那个人是你认识的人，也许是你的室友，也许是你社交网络的好友。也许上网搜索一下，你就能得到所有答案。也许你认识的人可以帮到你，去问一下吧，保持开放的态度，看看会有什么奇迹发生。记住，你与世界上任何人的距离只有五个人。

贴士3：休息

有多少次你在已经放弃时突然想到了解决办法？经常，在我们精疲力竭地试图强迫自己去做成一件事时，我们会感受到抗拒和压力，感到天赋和创意被压抑。此时，最好出去走一走，休息一会儿，不再想所做的事，将注意力转移到其他事情上。享受下自然，深呼吸，动动身体。你会发现，那时解决方案反而向你涌来。把手头的事放下一会儿，看看会发生什么。记住：放手，完全放手。放弃寻找，让解决方法自己出现。

贴士4：找一位能给你所有需要的工具、知识和支持的导师，或加入合适的组织

到达目的地最有效的方法是向已经到过那里的人寻求帮助。无数人问过我："你是怎样逃离工作，做想做的事的？你是怎样写书并出书的？你是怎样发现自己的使命的？"为此，我们开创了一些训练，帮助人们践行使命并获得成功。

如果你也在挣扎，不知如何解决这些问题，那么就赶快为你未来的成功投资，来获取必要的支持吧。这是成功的秘诀。世界上最成功的人都会为自己的教育和自我提升投资。如果你真的想成功，哪怕需要省钱才能付得起学费，也要付费找到正确的支持或指导，并开始行动。

做好计划后，就可以继续向下一个阶段迈进了：一定要确保自己先做好计划！

若计划得不到实施，制订计划就毫无意义。很多人有很多想法和计划，但是能实现的人还是少数。你可能在读这本书之前就有过各种计划了。

现在最大的困难就是行动

本书接下来的部分将具体介绍：如何将你从一个有梦想的人，变成一个有强大行动力并能够做成事情的人！

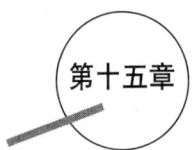

第十五章 突破限制3：用"负责制"引爆行动力

请重点关注本章的内容，因为本章是彻底解决拖延症的关键钥匙，能保证你尽全力践行使命。如果正确实践该方法，可以对你的生活产生奇迹般的影响。但是，如果你未能成功践行该方法，很可能会继续重复之前的老路，原地踏步，甚至倒退。

虽然开始很容易，但该方法的威力很可能把你吓破胆。实际上，如果该方法没能让你吓破胆（至少有被惊到的感觉），那很可能是因为你操作的方式不对。巨大的改变即将发生的积极信号就是激动和惊恐。当你有了去一个陌生国度探险的感觉时，就说明你已经掌握这个既有趣又惊人的方法了。

我是怎么发现该方法的

跟大多数人一样，我也曾经在很多毁灭性的习惯中挣扎。好像每次我开始向成功迈进时，拖延症和完美主义都会突然出来攻击我，让我不得不放弃，在一堆低价值的事情上浪费宝贵的生命,最后一无所成,灰心丧气。

跟大多数创造型的人一样,我喜欢做新鲜的事。我可以很容易开始,并向目标迈进。但很快,随着项目接近尾声,我"内在的小孩",也就是拖延和抗拒的声音会跳出来,削弱我坚持下去的力量。那是一个懒惰、暴虐、被宠坏的小孩,他的出现将我的大脑搅得天翻地覆。

他会冲进我的大脑对我说:"我对你愚蠢的想法没兴趣。""我没时间做这些乱七八糟的事。"

就这样,我即将到来的成功戛然而止。内心的那个小孩将我拽回原来的状态,让我陷入无聊且毫无意义的事情中,例如买很多不需要的东西,刷各种视频和电影,到处"救火",假装忙碌,做些低价值、没结果的事情。

我想很多人都和我一样,虽然不知道你的内心中抗拒的声音对你说了什么,但肯定没有给你读诗,没有给你前进的力量。

幸运的是,在多年挣扎之后,我发现了一个可以改变这一切的简单技巧,像是发现了新大陆或长生不老药。有了这个技巧,我就可以实现不可能的事了。终于,我可以克服那个烦人的声音和自我毁灭的心理了!

这种感觉太神奇了,简直就像施了魔法一般。前后差异之大,好像我大脑里的小孩儿,那个纠缠我多年的抗拒的声音一夜之间奇迹般地消失了。随着新一天的到来,我醒来后发现自己更完整、从容、优雅、平和,同时还拥有了获得生活中想要的事物的能力和能量。

第一次发现该方法时,我又惊又喜,感觉像中了彩票,进入了一个崭新的世界。我当时唯一担心的是该方法是否可持续使用。不会有这么好的事吧?

使用这个神奇的方法一段时间后,我意识到这不是一时兴起或灵光乍现,甚至不是什么神奇的事,而是一个实实在在能够实现结果的方法。自那天起,我拥有了做成事情的能力,实现目标的能力,让美好发生的能力。

行动产生的积极效果一直伴随着我。

如果不是这个方法带给我采取行动和克服拖延的能力,就不会有今天的我。我会被困在一个狭窄阴暗的房子里,整日郁郁寡欢。

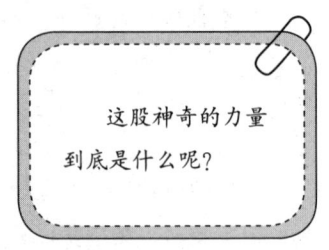

这股神奇的力量到底是什么呢?

当你为某事负责时,意味着你愿意为自己的行为和决定承担全部责任,愿意且必须为行为的后果付出代价。也就是说,假如你为某事负责,你就不会再找借口。

你即将学到一种具体的方法,让你毫无余地地去采取行动,在生活和工作中取得巨大成就。

负责制四部曲

第一,明确想实现的目标或结果(愿景和计划)。

第二,设定"外在影响",让你能够采取行动,达到想要的结果。

第三,完全透明、诚实地向"外在影响"透露你的行动和结果。

第四,为行为可能产生的任何后果付出代价。

设定负责制的关键词是"外在影响"。你要为自己的行为和结果对一个外界影响因子负责,而非"内在"影响。也就是说,你不仅要对自己负责,还应对他人负责。

对外在影响负责的重要性

为什么不能只对自己负责呢?多年来,我一直认为我应该可以独立做成任何想做的事情,不需要向外界求助。我的逻辑是,我想做什么是我自己的选择,我自己的责任。如果我想做,我就会去做。我的大脑会说:"我可以独立完成这件事,不需要任何其他人的帮助。这是我自己的事,应该由我做主,我不想扯上别人。"我的精神"自我"也排斥负责制这一做法,它对我说:"我不需要任何人的帮助,我自己的精神力量很强大。"

企业家也经常会对外界负责制产生抗拒心理。那些靠自己做成事的人往往都骄傲、独立、固执,不喜欢让其他人参与创意过程，当然也不喜欢别人告诉他该怎么做。我们热爱自由，经常为捍卫自由负隅顽抗。这也是我们能够成为企业家的主要原因之一。我们辞掉工作，成为自己的老板，做自己想做的事，执行自己的时间表，不对任何外界影响负责，没有任何人可以指使我们做任何事。但最终，我们常常会为这种所谓的自由和缺少外界负责制而付出代价。

不为自己以外的任何人负责，会让抗拒心理悄悄潜入，你会开始找各种看似聪明的虚假借口，让自己陷入自我设限。同时，自我毁灭的部分会很合时宜地跑出来，让我们相信自己是英雄，是英勇的骑士，可以独立完成任何事。这种扭曲的自由感和虚假的骄傲就是陷阱。如果不小心，我们就会被自以为是所欺骗，像奴隶一样浪费生命，还认为自己是自由的。

受够了失败和自我毁灭的我最终变得十分谦卑，并意识到自己有很强大的"自我"和很无情的抗拒心理。我终于承认有些事情是不能独立完成的。如果靠自己就可以的话，我肯定早就做到了。如果你真的可以做任何想做的事，那么你肯定早就做到了，但事实是并没有。只要我们受制于自己扭曲的思想，就会拖延，碌碌无为，无疾而终。

事实是你内心的声音一直在撒谎，并阻挠你获得成功。你的大脑让你失败，你需要其他支持才能成功。

负责制十分强大，因为它可以让你放弃诱人的借口，确保你能得到想要的结果。负责制能让你克服无意识的行为、懒惰以及与自己玩的微妙游戏,去做真正重要的事。

负责制让我们清楚自己该做什么事,并立刻去做,每天坚持。

负责制能够确保言行一致,知行合一,将我们的思想、语言、行动协调一致。负责制就是将钱押在你承诺的事情上,让你把这件事当真。负责制是实现真正自由的关键。

现在,你知道对什么事负有责任了。下一步就是清楚、有意识地设定做不到的后果,然后去践行,去实现梦想。虽然你在意识层面清楚这是个好主意,但实际上,要做到却是另一回事。

第十六章 突破限制4：有效设定"负责制"的6个关键

过不上本属于自己的美好生活，本身就是一件很悲惨的事了。拖延、懒惰、注意力涣散、游离、无力等都会产生让人痛苦的后果。当我们放纵自己时，就会招致痛苦的结果。每天都很糟糕、痛苦、疲劳、无聊，只剩虚度光阴。如果每天都在拖延该做的事，甚至会让你不进反退，陷入抑郁、无聊和平庸的泥沼中。

在设定负责制前，认识到自己对生活负有百分之百的责任至关重要，你每天都在承担自己思想、言行的后果。当我们虚度光阴、碌碌无为时，生活已经很悲惨了。浪费时间的代价是，丧失生活的乐趣。不做该做的事情，就是在毁掉自己的未来，置生活于虚妄、无聊、抑郁和白日梦中。

生活中很多事情的后果不会立马显现，因此我们可以在完全意识到问题前继续懒散一阵子。以节食为例，吃垃圾食品不会立马杀死你，吃完后甚至还有一段时间会自我感觉良好。但如果你每天、每月、每年持续吃垃圾食品，最终就会生病。使用信用卡不会立即毁掉你的财务状况，但随着时间的推移，利息逐渐累积，你会发现自己已淹没在债务的海洋里。

讽刺的是，让自己不需要对外界负责的最佳方式就是制订外在负责制。如果我们做会毁掉生活的事，最终会破产、生病、抑郁、迷失，甚至锒铛入狱。这些事情一旦发生，外在负责制就会引导外界因素控制我们，帮我们解决问题。通过设定负责制，我们就可以在问题出现前避免问题，并让自己取得成就。通过避免未来可能面临的问题，帮我们摆脱外界影响的控制。

有了负责制，我们就不会在麻木不仁中让一年又一年的时间偷偷溜掉。感到自己行为造成的痛苦后，我们会立刻选择自我改变。我们可以选择将一切设定好，让自己为逃避生活和犯下错误付出代价，以免现在欠下的债需要以后偿还。负责制是自我尊重和自我负责的极致形式。通过设定负责人，就可以弥合行为及其影响之间的差距，以此准确衡量现在的状况。

负责制就像一剂预防药，让我们看到如果现在不改变，未来会面临什么样的问题，这样我们就会主动选择在问题出现之前将其解决掉。

负责制意味着明确设定犯错的后果，防止自己随便放弃目标，即通过任何必要的方式，在任何必要的时候给自己一个巴掌。

比如，我列了一个每日必做事项清单。做不到的后果就是我必须给某人 100 块钱。但实际上，做不到并逃避给人生带来的真正后果远远超过 100 块钱。100 块钱是对自我的一个提醒，提醒我如果做不到后果会很严重。

我的"自我"不想让我因为懒散而失去 100 块钱。这个小后果会让内心自我毁灭的部分振作起来，去做该做的事。

每天付给别人多少钱是可以调整的，或者你也可以压根儿不用金钱作为后果和代价。设定负责制的意义就是明确行为的后果，恫吓你内在的小孩，让你做该做的事。

负责制是为了摧毁抗拒心理，鼓励行动，仅此而已。不管为达到这个目的设定什么负责方式，都会有很好的效果。当你可以做到之前做不到的事时，就意味着你所选择的负责方式起作用了。

到底是为谁负责

人的心理有很多层面。实际上，我们的心理中有很大一部分是想要成功并乐于创造的。负责制是为你脑子里那个懒散、被宠坏的"坏蛋"设置的，这个坏家伙需要被威胁才能合作。

刚开始写这本书时，我想用的书名是"惩罚内在的小孩"，因为负责制的目的就是用内心那个懒散的小孩能听懂的语言，即具体的惩罚或后果，让他振作起来，重整旗鼓。

我内在的小孩不想给别人 100 块钱。所以，一旦他清楚"要么合作，要么给别人 100 块钱"时，他就会顺着我，做我认为重要的事。这个方法可能听起来有点奇怪，甚至有些幼稚，但的确有用。叫作内在小孩的这部分自我，或较低级的自我，痴迷于有限的享乐、财富、名声及外表。所以，我们需要使用这些后果来确保这部分自我不再阻挡我们成功的步伐，让我们整装待发，准备好做该做的事。

行动一段时间后，那些重要的新习惯会深植于潜意识深处，最终帮助我们成功。

面对"自我"100块钱的威胁，能促使你把敌人变成了盟友。

如果你在想"没门儿！我才不会每天拿出100块钱来对别人负责，我需要钱。"这是好事儿，说明你的"自我"开始害怕了。你已经意识到风险了。

如果你对此毫无情绪反应，说明该方法还没在你大脑中沉淀。多读几次，你就会感受到了。

"可我不想因为钱才做这件事。"很多人不喜欢因为害怕惩罚或因为钱而做事。他们认为：为什么我不能给自己设置奖励呢？为什么要设置惩罚呢？

还有人会说："我又不是狗！我不需要因为奖赏或惩罚获得动力。"这样就理解偏了。

不要忽视内在小孩的力量

已经对生活怀有激情并想做成事情的那部分你压根儿不需要对任何人负责。这部分的你也不会因为奖赏而产生动力。我们内心深处已经有一个纯粹的自己，对生活饱含激情，动力十足，时刻准备着做正确的事。负责制的目的不是为了调动这部分"自我"的积极性。负责制是一种制约"自我"的方式，阻止内心那个自我毁灭的怪兽毁掉我们的生活，阻止它摧毁我们实现目标的意愿，仅此而已。

每次我告诉人们要制订"强迫后果"和"惩罚"时，几乎每个人的"自我"都会反抗。他们一般会说："我不想要任何后果。我想发自内心地做事，而不是因为恐惧或惩罚做事"或"我不想为任何人负责，这样感觉不好"。

我完全理解。我们都想发自内心地做正确的事，而不是为外界原因做事。我们不想被迫行动或为懒散付出代价。我当然明白，我也有同样的感受。但注意以下几个问题。

- 你现在有多成功？
- 你的方法对你有用吗？
- 你在做想做的事吗，还是仍然没有发挥自己的潜力？
- 你在读这本书，就是因为你还没有过上想要的生活，对吗？
- 你还没获得想要的成功，对吗？

诚实点，你很可能会赞同你现在的方法并不行得通。发自内心地做事行不通,对不对?为什么行不通呢?

因为你内心中那个小孩比你真实的内心更强大。他统治了你的内心。换句话说,你的内心说:"是的!我想要做到!我不需要任何惩罚来鞭策自己。"

但"自我",那个懒惰自私的小孩却说:"我才不做呢!没门儿!"

一般谁会赢呢?

如果你的内心赢了,你就不会在读这本书了!如果你已经可以发自内心地做事,你早就做了。你在读这本书就是因为那个恶魔毁掉了你的生活。

要十分清楚:你的内心一直都在为了实现最大利益而行动。你已经发自内心地想做事了。负责制不是为了让你的内心准备好,而是为了让你的"自我"、那个小孩服从内心。

因此,我们需要一个有效的办法来制服他。跟狂热的恐怖分子是讲不通道理的,他们只会杀死你。你不能告诉他们按照心之所向行事,跟疯子是没有什么道理可讲的。

不要与较低级的自己讲道理,他只会让你搞砸。

负责制可以让心之所向大行其道,不让自己被内心的小孩毁掉。每个人心中都有一场战斗。只有意识到自己的阴暗面并增强内心的力量才能赢得这场战斗。

如果一直不能战胜那个小孩,生活将永远不会有任何成就。

要清楚意识到负责制不是强迫或压迫，而是保持谦卑，去做该做的事，取得想要的结果。许多人用负责制这种方法实现了非凡的成就。

负责是自爱的表现，是自尊的表现

如果恐怖分子进了你家，你会说："来吧，随便你吧。房子、车子、钱都给你。"还是会小心谨慎与他对抗？

我们还必须认识到，因做不到某事而惩罚自我，与被自我统治、过着一塌糊涂的生活相比，真算不了什么。

所以，问自己：我真的想被低级的自我主宰，虚度一生？还是想重整旗鼓，创造自由、财富、富足和喜悦？

如何设定负责制，让自己成为创造非凡的大咖

与生活中大多数事情一样，不是所有的负责制都一样有效。有些形式的负责制能够创造非凡的成就，而有些只会让人崩溃，筋疲力尽。如果你想成为大咖，创造非凡的生活，花点时间设定正确的负责制是至关重要的。所谓正确，即对你有效。我会尽最大努力帮你掌握该方法，但最终只有你自己知道如何设定对自己最有效。

当你感到兴奋、活力满满，甚至有点恐惧时，你其实已经

掌握了该方法，打开了通向生活新篇章的大门，激情和能量自然会出现。同时，你可能还会经历某种程度的恐惧，就像登上舞台表演前紧张的心情。在更深层次，这种蠢蠢欲动的不安就是你真的用心并下定决心的表现。

注意自己的感受，你就会分辨该方法是真的在你内心沉淀，还是只是一个你并不打算践行的美好想法。继续调整你的负责制，直到你真的感到兴奋，并感到生活有所变化。

有效设定负责制的方法包含以下几个组成部分，我们分别来看。

第1步：你想实现什么目标

希望你已经知道并写下在接下来21天里想实现的目标了。如果还没有，回到前面的章节，先去搞清楚目标。明确想要什么会给你专注的力量，让你保持专注并实现想要的结果。如果你不知道想干什么，怎么可能做到呢？

当你感觉强大和兴奋时，就说明你已经有收获了。

负责制有两种类型，二者相互联系，我建议两种都设置。

第一，在本月底前你想要实现的具体结果有哪些？

比如：我要在5月30号前写完这本书。

那么，你想在本月底前实现什么重大成果？

比如：写完新书或发起新项目。

> 在接下来的 21 天里，我要完成_____（最终结果），并对此负责。

第二，为实现这些结果，你每天需要使用负责制采取哪些具体行动？

比如：我会每天花两小时写书或做其他跟写书有关的事。

哪些具体行动有可能让你向目标靠近？

假如你在写一本书，坐下来每天写书可能就是你最重要的事情。不写，就没有书。

假如你要发布一个音频，制作音频并准备发布很可能是你应该做的最重要的事情。每天做负责的事是为了确保每天做有助于成功的事。

> 我建议每天花 2~4 小时，高度专注做对你来说最重要的那 20% 的事。这就足够让你获得想要的结果了。

一会儿我会详细解释最重要的那 20% 的事。现在，搞清楚哪种类型的负责制有助于你每天保持进步就可以了。

你每天负责完成的事是什么？

> 每天，我会花_____小时做_____。

记住：只需要为一件能够产生最大积极影响的主任务设定负责制。让自己为呼吸或刷牙这样的事情负责是毫无意义的，除非你想开始有意识地深呼吸或增加刷牙的频率。搞清楚这一点，并确保自己感觉良好，然后继续下一步。

第 2 步：负责制约定的内容是什么，做不到的后果是什么

该方法能否成功就看你能否做对这一步了。慢下来，花点时间搞清楚这一部分。完全搞清楚之后再开始做。我建议你用电子文档写下答案，这样你就可以编辑并根据需要进行修改，也可以发给搭档看。

①如果做不到约定的事，会产生什么后果？

比如：你可以定下如果每天做不到约定的事，就给别人100块钱。我发现金钱通常是最有效的手段，因为"自我"不喜欢损失金钱。

如果你打算设定金钱负责制，你可以设置：如果不能每天做到的话，就给自己的负责伙伴钱，或者把钱给第三方，比如慈善机构。我个人倾向于把钱给第三方，因为如果把钱给负责伙伴的话，他们可能会盼着我做不到。这就很微妙了，我倾向于尽量避免发生这样的情况。

想想如果不使用金钱负责制，惩罚措施还可以是什么呢？你的"自我"想避免什么呢？

②用奖励代替惩罚怎么样？
假如你提出做到某事给自己奖励而不是做不到接受惩罚的话，你可能会做如下设计。

我决定每天写两小时书。做到的话，我就给自己买个礼物或出去散步，等等。做不到的话，什么也得不到。

认真想一想，因为每个人都不一样，你设置的内容需要对你自己起作用。总的来说，奖励的效果不如惩罚。但话又说回来，结果最重要，不管你如何设定，只要能达到目的，那对你就是有效的。

我在一个会议上遇到过一个很成功的蔬菜饼干公司的老板，他用了一个很有意思的负责制让自己的生意起步。创业前，他连份工作也没有，与其他无业游民住在一起，浑浑噩噩度过了好几年。他明白他需要被刺激一下，才能摆脱现在的处境。

一天，他拿着一罐狗粮，对跟他一起流浪的人说，他要创立一家饼干企业，并在年底前挣够一百万美元。如果创办不成或公司没在一年内实现超一百万的销售额，他将在其他人面前吃掉这罐狗粮。

作为一个素食主义者，他想不出比在朋友面前吃狗粮更糟糕的事情了。你猜怎样？一年后，他的公司真的挣了100万美元。在写这本书时，他创立的"另类烘焙公司"（The Alternative Baking Company）仍然运转良好。

请等一下！在你开始找狗粮或其他难以下咽的东西之前，停下来想想什么会对你自己起作用、什么会激发你的行动力、你最想避免的是什么。

负责制之所以能起到很好的效果，就是因为"自我"会为了避免痛苦、羞辱、付出代价，选择与你配合，而不会选择放弃或接受惩罚。那么，花点时间，搞点创意，想出一个你百分之百确定会有效的后果，让你的全部身心都行动起来，做任何必要的事来让这个方法奏效。这里没什么规则，但正确设定后果对获取成功至关重要。

你实现不了目标的后果是什么？

写下来。

③你会怎样与你的搭档沟通实践结果？

清晰的沟通至关重要，否则你的负责制会变得不合时宜，不能长久。如果你想表达的目的太模糊，那就还不如不沟通。如果你想表达的内容太复杂，可能会造成不必要的抗拒。你与负责伙伴沟通的方式有很多，选一个对你来说容易且可以长久实行的方法。

- 每天发邮件？
- 每天发信息？
- 面谈？
- 打电话或视频通话？

主要是要确保你答应的事一定要清晰，没有模棱两可或自相矛盾之处。

关于上述问题，可以设定下述明确的负责制：

- 每天晚上；
- 我会发短信；
- 给我的搭档××；
- 说"我今天写了两个小时书"；
- 如果我不发信息或没有写够两个小时，我会承担捐100块钱给慈善机构的后果。

上述表述足够清晰，因为包含了如下信息：

- 你做此事的时间（晚上）;
- 沟通的方式（短信）;
- 联结的人（搭档——后面会详述）;
- 完成的事;
- 做不到的后果。

下面的表述就不够清楚：

"我会告诉某某我做了什么？"或"要是我做了想做的事，我会告诉某某。"

开放式沟通会导致专注力丧失，达不到理想效果。帮帮自己，搞清楚你到底想实现什么目标。

④负责制什么时候开始，什么时候结束？

如果你足够明智的话，就会为负责制设定清晰、有意义的开始和截止日期。

- 你的负责制什么时候开始？
- 什么时候结束？
- 会有例外吗？

> 比如：我每天会做_____，旅行的时候除外。我每周一到周五会做_____。

⑤怎么知道自己是否做好了这一步？

当你能在表格中清晰写出如下内容并发给负责伙伴时，就说明你准备好了。

从5月1日到6月1日，我，迈克尔·麦金托什，会每天至少投入两个小时写书。我会每天睡觉前给我的负责伙伴（名字）发信息"我今天写了×小时书"，让他知道我是否完成。

如果我做不到或没有给他发信息，我会通过贝宝（PayPal）捐100块钱给极致慈善（ACME Charity）。为证明我捐了钱，失败的当天我会通过邮件给我的负责伙伴发捐款收据。

最终负责制包括两部分如下。

第一，重要结果负责制。

> 我_____（你的名字）
> 要在_____（截止日期）_____前实现_____
> _____（具体结果）。

> 我会 ___(发邮件、信息、打电话等)___ 给 ___(谁)___ 。
> 如果做不到,我会___(给谁多少钱,或做其他事作为后果)___。

第二,每日事项负责制。

> 开始日期_____
> 结束日期_____
> 我 _____(你的名字)
> 决定做 _____(事项)
> 持续 _____(多久) 。
> 我会 _____(发信息、邮件、打电话、面见)
> 给 _____(谁) ,
> 告诉他们 _____(沟通内容) 。

祝贺你!从现在开始,就只剩下有趣的游戏环节了!现在,你需要的就是找到一个乐意与你一起做这件事的对的人。

第3步:选择搭档

一个好的伙伴的主要特征:

- 清楚你的最佳利益;

- 愿意并乐于参与，愿意每天通过邮件、脸书（Facebook）或短信等媒介收到你的信息；
- 如果你不给他们反馈或开始找借口，他们会坚定地督促你。这一点很重要，因为如果他们不坚持让你执行，约定就失去了意义。
- 加分项：最好是不想让他对你失望的人。

考虑以上几点，选择一个你的伙伴，立刻联系他们，停下手头的一切事情，联系他们。如果可以的话，去找他们面谈，告诉他们你打算做什么，设定你的责任。如果不能面谈，就立即打电话、发短信或发邮件。让他们知道你在做的事，设定你的责任。

第4步：摧毁内心的摇摆不定

很可能你的负责制是有回旋余地的，那将削弱你让奇迹发生的决心。我们需要解决这一问题。你内心的回旋余地会让你的决心变得模糊，让你撒谎，歪曲事实，让你选择不会真正起到负责效果的人，从而让你从负责制中逃离出来。

要让这一神奇的力量在你的生活中起作用，你需要预见内心存在的侥幸心理，在它起作用前就解决掉它。

如下建议可以帮你解决阻碍你成功的回旋余地。

- 确保你的伙伴准确知晓约定内容，百分之百投入其中。如果他们不愿意成为你的伙伴或私下盼着你失败，最好另找他人。
- 提前给你的伙伴钱或付出惩罚代价，这样你就不会再有回旋余地了。
- 在床头或其他每天都能看到的地方贴上清晰的待办事项列表，让你每天都可以查看哪些已完成、哪些未完成。
- 不要把事情搞得太难，写一到两件每天要做的新任务，保证约定事项是你努力就真的可以做到的。
- 搞清楚你是否做到了。比如，有没有锻炼20分钟？给自己掐表计时，确保结果清楚且具体。

还有什么会阻碍你？还有什么事情能帮你获得成功？花点时间修改约定内容，直到没有任何可能会导致你失败的回旋余地。

第5步：公开承诺

"我下定决心彻底戒掉了酗酒及其他可能有害于身心健康的事。之后，精神上和经济上的喜事像洪水般接二连三向我涌来。"

——丹泽尔·华盛顿（Denzel Washington）

公开承诺相当于给负责制这把火又添了柴。一旦意识到我们对抗的是顽固的"自我",且这个"自我"想要的跟我们真实想要的截然相反,我们就会认识到应该利用各种能获取的资源去实现目标。

这就是公开承诺效果好的原因。我们的社会能够运转下去,就是因为每个人都相信大多数人大多数时候会说到做到。失去这一基础,我们就会害怕开车,不会与别人约时间、寄信件,或试图与任何人合作。我们是社会动物,我们都不喜欢让别人失望,不喜欢名誉扫地。

当众受辱是很多人最害怕的事。我们会愿意做任何事来避免被自己的群体否定。这也是为什么我们当中很多人都被公共演讲或展示作品吓个半死。一旦走到公共场合,"自我"就会担心自己被憎恶、质问,甚至被消灭。当然,这不会经常发生,但这种对受辱的内在恐惧足以让我们吓破胆,让我们不敢做任何事情。

那么我们如何才能利用这一心理为自己服务呢?

害怕受辱是因为我们有言行一致的需要。对自己仰慕的人承诺了某事,最后却做不到,是不能被大家接受的。公共承诺及令别人失望的恐惧让我们对自己的言行负起责任来。违背承诺就意味着让别人失望,做事不守信,让别人认为我们能力不行或不可靠。我们可能会因此丢掉工作,毁掉一段关系,被剥夺某些特权，或造成其他不良后果。

因此，要为我们的决心和责任加把火，我们可以将这一需求为自己所用。

"自我"喜欢被表扬，讨厌被看作失败的人或被认为是坏人。"自我"想要避免受辱。因此，当众向仰慕的人进行公开承诺时，内心不想被羞辱的那部分就会参与。做出公开承诺的一刹那，那个五分钟前毫不在乎的懒散小孩会突然开始行动，来保护自己的面子。内心较低级的"自我"就不会抗拒、拖延，反而有了合作的动力。

如何通过公开承诺来激活成功的动力？

"自我"更容易受更大更严肃的事情影响。因此，向更多人、向更具影响力的人公开承诺，让更多人知道你在做的事，你就更有可能兑现承诺。

给自己的压力越大越好。再说一遍，不要感性，说什么"可我不喜欢压力，我就想发自内心地做事。我就想为自己做，不在乎别人怎么想"。可能你不在乎，我相信你真的发自内心地想做事。但你的"自我"会试遍各种伎俩，逃避你想做的任何事。你的"自我"正是阻挡你做事的绊脚石。因此，发自内心为自己做事在原则上是没问题的，但你做不到不也没用吗？

从海边度假回来前，我遇到一个朋友，也是一个客户。之前，她向我咨询的事情一有眉目，就停止了咨询。当时我鼓励她行动起来，做出成果。三年过去了，她什么也没做成。这次我通过两个小时的对话，给予她善意、鼓励和辅导后，她终于下定决心做事了！她向正确的方向迈出了一大步。虽然已经过了好几年，但做总比不做好。她向我和我的妻子阿丽尔（Arielle）做出公开承诺，她更有可能真的去行动了。

做出公开承诺能够帮助你克服"自我"和内心那个以摧毁你为使命的怪兽。

你也想最终摧毁拖延，实现想法吗？你想实现美好人生吗？现在就开始做吧。

①写下承诺。

让承诺尽可能清楚有力，没有回旋余地，这样你就会下意识地感到必须做成。

基本模板如下：

我，_____（你的名字）_____

下定决心，在 ___（日期）___ 之前完成 _____

（项目、练习、写书等）。

签名：___（你的名字）___

日期：___（××××年××月××日）___

写好之后会是这样:

我,迈克尔·麦金托什下定决心,在 2020 年 1 月 1 日之前完成这本书的初稿。

签名:迈克尔·麦金托什

日期:2018 年 12 月 18 日

②将承诺放在看得见的地方。

贴在床头的墙上或桌子边等,你一定会看的地方。

③破釜沉舟。

继续一步,实现目标。在脸书和其他社交媒体上宣布你将做某事。这样就真的严肃起来了。

你可以改变一下措辞,用词随意些,但一定要表达清楚。

比如:

大家好,今日我要做_____
_____
坚持 21 天。请大家监督,我会百分之百投入此事。

或:

> 今天，我开始＿＿＿＿＿＿＿＿＿＿＿＿＿＿＿＿＿
>
> ＿＿＿＿＿＿＿＿＿＿＿＿＿＿＿＿＿＿＿＿＿＿
>
> 新项目。我会在＿＿＿＿＿＿＿＿＿＿前完成。 请关注。

④告诉你钦佩的人。

将你的承诺发给10位你仰慕的人，他们是你兑现不了承诺会对你感到失望的10个人。可以通过邮件、社交媒体或寄张卡片等方式告诉他们你在做的事及完成时间，让他们知道因为你仰慕他们，所以让他们监督你。

我听过一个故事，一个烟龄20年的女性在一张卡片上写下"我要戒烟了"，并发给对她最有影响的10个人，以此成功戒烟。她做不到为自己不吸烟，但她不想让别人失望。用这么一个简单的方法，她彻底戒掉了烟瘾。

公开承诺的人越是你尊重和欣赏的人，你就越是不想让他们失望，该方法就越有效。

好了，现在你知道该做什么了。做出你的承诺，并将这个好消息广泛传播吧。

做出承诺后会发生什么

一旦下定决心做出真实的承诺，你会召唤出更高级的力量，会吸引各种灵感来激励你,生活从此变得神奇。你还会将特殊且看不见的力量召唤出来支持你的行动,挑战你的决心,激发你最大的潜能。

现在就去承诺吧。

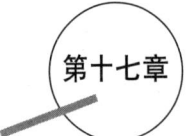# 第十七章 突破限制5:找到行动的有利条件

开始这部分之前,我想先祝贺你已走到这一步了。太棒了,现在你可以期待生活中更大的改变了。前面介绍的每一步都极其有效,能让你奇迹般地实现生活的强力升级。

现在,你已经:

- 清楚自己想要什么了;
- 制定了负责制;
- 做出了承诺。

接下来我们来看一下如何运用有利条件,帮助我们更高效地做事,按时实现目标。

什么是有利条件

有利条件是为更容易达成目标而设置的情景、辅助物和流程。举个例子:

假如每天喝一杯绿色奶昔能让你活力满满,这是你的有利条件。

每天都喝杯绿色奶昔,这看起来好像不需要努力就能做到,但如果你没有所需的原料,或是你的搅拌机藏在柜子深处很难拿出来,你很可能就做不到。

做不到的原因往往很琐碎,但可以通过设定有利条件来解决。为喝一杯奶昔而设定的有利条件可以是,买些香蕉及其他原料并放在冰箱里或橱柜上。同时,把搅拌机拿出来,放在容易看到、容易拿取的地方,也可以在冰箱上贴个便条提醒自己做奶昔,或是答应同时给别人做奶昔。一旦有了这些条件设置,早上一进厨房,你需要的一切就都准备好了。拿起搅拌机,放入原料,打开开关,奶昔就做好了。

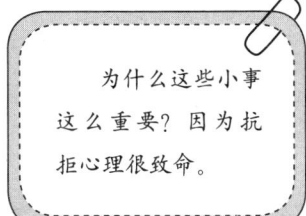

为什么这些小事这么重要?因为抗拒心理很致命。

有意思的是,哪怕是最细小的偏差都会把整件事搞砸。多年来,我一直想每天喝杯奶昔,但却很少做到。原因很简单,我喜欢喝的奶昔粉和香料都藏在柜子深处,在其他东西的后面。这些细微的不便(要先把挡在前面的其他东西拿出来)就足以让我放弃做奶昔,而选择做其他东西。这看起来很琐碎,但其实却毁掉了我多年来喝奶昔的计划。

要解决这个问题,我需要做的就是把奶昔粉放在搅拌机旁边,然后像变魔法一样,每天做奶昔这件事变得无比容易。

现在分解下做奶昔的有利条件。

假如，你的奶昔是以下原料做的：

- 香蕉；
- 蔬菜；
- 水；
- 奶昔粉。

为了让你每天都有奶昔喝，你需要保证厨房中每天都有这些原料，且搅拌机工作正常，否则你是做不到的。这可能听起来再简单不过了，但其实不然。很多人每天早上想要喝杯绿色奶昔，却做不到这些简单的步骤。那么，你可以准备好哪些有利条件呢？

下面是对我们起作用的有利条件。

- 买很多熟香蕉，剥皮后放到冰箱里（这样随时都有冻香蕉了）。
- 确保有充足的蔬菜供应，我们当地有个农民每周给我们送两次有机蔬菜。
- 拿出奶昔粉放在搅拌机旁边的柜面上（或其他容易拿到的地方）。
- 把搅拌机放在容易看到并使用的地方。
- 确定责任人，我和妻子都想喝奶昔，每一次我们都商量好谁来负责做，这样可以大大提高两个人都能喝到奶昔的可能性。

做到这几个步骤，你每天喝奶昔就会变得超级容易；做不到的话，就永远喝不到绿色奶昔。

思考以下例子，确保你真的理解并明白该方法如何简单地出奇，却异常强大。

例1：完成书稿第一稿的有利条件

现在，假设你已经告诉别人你在做什么事，已经设定好负责制，现在只需要去践行了。什么样的有利条件会让你每天写作变得容易呢？下面是对我有效的方式，可以为你提供参考。

我有个每日仪式，让写作变得容易。每天早上5点冥想，之后沏一壶茶或冲杯咖啡，在桌子前坐下写到7点。在这两小时内，写作对我相对容易。5点到7点之间写作对作家而言极其普遍，因为这样做让人能够在每天各种杂事冒出来之前就前进一大步。

我需要设定的有利条件如下。

- 早睡（这样才能早起）。
- 将闹钟放在远离床的地上，这样我不得不从床上起来去关闹钟。
- 沏茶或冲咖啡。

- 借助灯光和音乐布置一个舒服的办公室和办公桌。

这些可能看起来是简单且显而易见的事，但其实这些小事远比看起来更有意义、更强大。因为，如果晚睡，就不能早起。即使睡眠时间充足，假如闹钟离床很近，我很可能会关上它继续睡。不管怎样，如果我不早起，就会错过写作时间。如果早起，我可以坐下来喝杯茶更愉悦，更高产。因此，沏茶能让我进入写作的状态，放音乐也是。

由此可知，有利条件、负责制和截止日期，能够确保我在5点到7点之间坐下来写作。没有这些，我就会被其他事情分心，不能静下心来写作。

我推荐的最后一个有利条件是设定具体负责制。写是一回事，你可以写任何东西，同样的主题可以不停地重写。但如果完不成书稿，就永远不会有人读到你的书稿。因此，设定负责制对确保完成书稿至关重要。

例2：增加冥想

几年前，我计划每晚都冥想1~2个小时，但从来没做到过。我一直被各种事情分散注意力，从来做不到停下手中的事来冥想。之后，我们意识到需要设定有利条件来实现这一目标。

我是这么做的：给两个人发信息，告诉他们我每天晚上要做冥想，并请他们到时候来我家。

就这么发了两条简单的短信,我们就奇迹般地能够停下来,去打扫好房间,坐下来冥想2小时了。只需一步,即一条短信,目标达成。

所以,你也看到了,这真的很容易。在这种情况下,有利条件仅仅是我们知道有人会来我家,所以我们要做好迎接的准备。

注意:你发现哪些承诺和负责因素在起作用了吗?

例3:激发晨起的智慧

为给大脑注入能量,启发生活,我喜欢每天早上冥想后读些励志类书籍,这可以帮助我从其他角度看待生活,减轻即将到来的一天的压力,更加从容地面对生活。然而,一段时间以来,不知为何我不再读了。我就思考到底发生什么了?我为什么放弃了对我有好处的事?

刚开始,我以为是我犯懒或没以前那么感兴趣了。但我仔细回想,发现原来是发生了一件简单却不明显的事。一天,我整理家具,发现常读的那摞书被挪了地方。也就是说不像以前坐在冥想垫上,伸手就可以拿书来读,我得站起来走到另一个房间去拿书,再走回来坐下读。这一小小的改变就足以打乱并破坏我的晨读习惯。

解决方法:把想读的书放回原来的地方,这样我就可以在冥想后很容易地拿起来。结果，我现在每天又能继续读充满智慧的励志书籍了。

这过程可能听起来傻里傻气，但其实不然。因为，这就是人性。我们是有习惯性的动物，主要靠下意识的自动反应来行动。要认清这个道理，并为我们所用。哪怕是环境中发生最小的变化，也可以导致生活质量发生重大改变。因此，好好设计生活是个很明智的做法，可以让我们不用太努力去想，就可以最大程度地利用好每一天，让有难度的事情变得不那么遥不可及。

例4：改变不健康的生活习惯

我一直很喜欢吃巧克力，还跟别人一起在英国成功创立了一家生巧克力公司。这家公司已经为世界各国巧克力爱好者送去了数百万盒奥姆巴（OmBar）巧克力。奥姆巴巧克力是我吃过最好吃的巧克力，但是，再美味的东西也会吃腻。我家里曾经一度摆满了巧克力，我几乎不吃其他东西了。幸好我吃的都是有机、不添加牛奶、用低糖生椰子做成的生巧克力。但不管巧克力质量有多好，只吃巧克力也不行。可问题是，只要我看到可爱的巧克力向我招手，我就会去吃。巧克力好吃又方便，让人难以抗拒。最后我甚至产生了一种吃巧克力是我的义务的感觉。

不幸的是，吃太多巧克力会让人过度兴奋，对身体有极大的危害。

解决办法：不是强迫自己不吃（太难做到了），我只是把巧克力放到厨房很难拿到的地方。这样就可以确保每次拿巧克力的时候都能意识到自己在吃巧克力，而不是无意识地吃。

改变巧克力的位置，让它不会轻而易举被拿到，这么一个细微的改变，就能让我少吃巧克力，多吃其他食物。每次进厨房，我都得先挪开其他东西才能拿到巧克力，这小小的不便给了我片刻时间考虑并最终做出更好的选择。

你还可以将同样的原则运用在其他成瘾性事情上。有些情况下，最好彻底把那个东西弄走，让自己压根儿接触不到。比如，比起囤一柜子酒，"酒鬼"家里最好不要放酒。酒精的诱惑太难抵制了。如果你对查看脸书或邮件上瘾，下载像"反社交"（Antisocial）这样的应用程序，可以阻止你整天盯着手机这个黑盒子。再进一步你还可以直接拔掉网络路由器，或是让别人把手机藏起来。这些我自己都尝试过。

如何为成功设定有利条件

你想为生活添加什么？你想从生活中去掉什么？你可能想养成一个新的习惯，或者想专注完成一个具体的任务。不管怎样，设定有利条件都会让这一切变得更容易，更有效。

第 1 步：要让成功变得容易，需要准备什么

记住，大多数有利条件都不是什么难事或复杂的事，甚至看起来超级简单，不用思考。不要被这种简单所欺骗，最重要的是要有效。

如果你发现连续跳三次，甚至跳一会儿舞，能让你进入做事的状态，那就去做吧！不管多傻或多简单，只要有效都可以去做。

那么你的有利条件有哪些呢？写下来吧。

第 2 步：检查你的准备工作

再看一眼这些有利条件能保证你实现成功吗？

真的方便执行吗？

你真的清楚到底需要做什么吗？

写下来，保证自己足够清楚，保证你可以很容易设置好。

第 3 步：现在就去做

在你继续之前，设定好这些有利条件。买到你需要的东西，将生活设置为成功模式。这是你实现自由的关键。你做到了吗？确认做到再继续读下去！

"必然"策略

到目前为止，你已经明白设定目标并清楚自己想要什么是

成功的关键了：

没有目标→漫无目的→输掉

现在，你还明白了需要每日仪式、有利条件和负责制才能成功。

可能你还没有注意到"必然思维"。这是一种比设定目标境界更高的思维方式，能够保证你的负责制发挥作用。你可以把它看作形式更高级的负责制，它将大大提高你获取成功的能力。

现在，你可能认为自己不需要学习什么新工具了，前面掌握的方法已经有很大帮助了。你是对的你可能不需要这种高级方法，但为什么不跑完全程，创造一个能够百分之百确保成功、密不透风的体系呢？

"必然思维"就是在生活中设定让成功成为必然的系统框架，即将自己设置成不可能失败的模式。

如果不做这种高阶思考，你很可能会被抗拒心理困住。即便你有最伟大的盟友，有了责任制和每日仪式，但还是有太多事情可能会把你拖下水。

那"必然思维"具体是什么呢？现实生活中，它如何能保证达成目标呢？下面是个例子。

为了赢得一个平板电脑是怎样逼我在休假旅行期间制作一个为期 40 天的全新音频培训课的？

一年夏天，我和妻子计划到美国大陆旅行，暂时远离让人昏昏欲睡的考艾岛（Kauai），欣赏一下美国最棒的几个城市的风景。我们把美国大陆游了个遍，从大苏尔（Big Sur）到赛多纳（Sedona），包括旧金山、俄亥俄、得克萨斯、芝加哥和拉斯维加斯。加起来，我们共坐了 13 次飞机，完成了一场相当疯狂而有趣的旅程。

但是，就在出发前 3 天，发生了一件事，让我们的旅程变得更有趣、更高产。出发前，我参与了一个关于负责制和必然思维的网络研讨会。

主持人发起这么一个挑战：任何人只要能使用负责制制订出一个可靠的项目实施方案，就可以赢得一台苹果平板电脑（iPad）。碰巧当时我正想买一台，就想着赢一台可能会更有意思。在只有 2 分钟时间思考的情况下，我写下：

"我将在 3 天后开始一场为期 6 周的旅行。我的承诺是：在旅行期间制作一套全新的音频课程。在接下来 2 天内，我将制作一个营销广告，并在飞机上写售课邮件。旅行期间，我和妻子将会制作音频节目并发给购买节目的人。为保证我们能做到（不被其他事情分心），我的计划如下：

给我的用户发邮件，告诉他们我马上会出新课程，并且告诉他们,如果我有一天没有将节目发给他们,或他们没有在我承诺的时间内收到完整课程,所有买课的人都会收到双倍退款。"

换句话说,我将现有客户看作购买新节目的潜在用户,然后对他们负责。如果做不到,他们每个人会得到194美元的退款。

主持人很喜欢我的想法,电话还没打完,我就赢得了一台平板电脑。虽然我的想法有点疯狂,但确实起作用了。打完电话,我和妻子到海边聊了聊节目主题,因为当时我真的对做什么课程一点想法都没有。想了一会儿后,我决定做一个关于两性关系的课程,即"如何吸引你的灵魂伴侣"这个课程,我和妻子都可以出力,也会帮助很多还没有找到理想伴侣的人。

① 我们给邮件列表里的所有人发了邮件,告诉他们我马上会出一个新节目;
② 我们做了一个销售网页,上面有视频,还有购买按钮;
③ 我们给邮件设置了自动发送,这样我们旅行时也可以卖课程了;
④ 之后,我们打包行李、上了飞机,飞向美国大陆。

在洛杉矶下飞机时,已经有很多人订阅我们的节目了。现在,我们必须得做这个培训课程了,否则就得给所有订阅的人每人194美元!没有固定居所,一直处于旅行状态,这种情况下要做音频课程确实有点难办,但我们还是对此很兴奋。

旅行期间，我们大部分时间都是在酒店房间录制节目（有难度，但也很有意思），订阅的人都喜欢这个课程。这个任务将我们推出舒适区，但我们仍然做到了。现在，我们有了一个可以用很多年的很棒的培训课程。

通过设定清晰的截止日期和负责制，我们把成功变成必然的结果。所有常见的借口都不再重要，我们只需要搞清楚如何做并坚持。有效就是硬道理。

越常使用"必然思维"方式达成个人和职业目标，你就会越成功。你会想想就罢，还是会将自己设置为必然成功的模式？

在你准备好时，翻到下一页，做最后一步。一举突破，实现目标！

 # 突破限制6：整合你的行动计划

祝贺，你正在成为"执行力"强者！从此以后，任何事你都可以轻松做到！

快速复习一下你的"突破"体系的学习进度

想实现的目标（W=what），该目标重要的原因、截止日期、实现目标的地点

这是你的愿景，你的目的地。

如何（H=How）

这是你到达目的地步步为营的路线，是你的计划。

负责（A=Accountability）

你已经与伙伴设定好负责制并做出承诺了。

有利条件（C= Conditions）

你已经将自己设定为成功模式，现在你可以很容易做该

做的事了。是时候开始项目,大刀阔斧采取行动,将想法变为现实了。

开始(K=Kick-start)

在"突破"体系的最后一部分,你将学会需要采取哪些具体行动才能实现目标。一旦清楚这一点,就可以启动成功模式,进入行动阶段了。

直接行动一般是人们(尝试)开始的第一步。"就开始吧"他们会这么想。"我只需要行动起来开始做事。"你也知道,没有准备好就尝试行动,经常会输得很惨。我们已经明白了该如何做,但却什么都没做。

开始容易,但更容易的是出现哪怕最小的困难就选择放弃。因此,在到达目的地之前,你需要首先搞清楚前进的方向及如何抵达终点。还有更重要的是,如何才能让自己行动力爆棚,制订负责制、设置好有利条件及其他支持系统。这样你就可以真正开始行动,并克服分心,达成目标。

那现在开始行动吧。这也是将理论转化为实践、将愿景转化为现实的环节。

将脑子里无形的想法转化到物理世界中,我们需要设置好四样东西:

- 愿景（想要实现的目标）；
- 计划（从现在的地方抵达目的地的路线）；
- 行动（向目标靠近的具体、有形的步骤）；
- 切实付诸行动的支持与能力条件（负责制、有利条件与必然思维）。

想象你站在一座高山的一边，你的愿景和目的地在山的另一边。计划是你用来从山这边到达山那边的地图与路线。行动就是你上山，征服溪流、河谷、险石及其他地形，最终抵达目的地所迈出的步伐。支撑你行动下去的是你的决心和无论如何也要抵达另一边的坚定承诺，你需要来自内心的驱动力和来自外界的负责制支持。当你的愿望足够强烈，有人在山的另一边等你或在山下向你欢呼时，不可能就变成可能。

现在是你向着目的地采取行动的时候了。但不是像以前那样采取行动。要成为一个成功的强者，我们要清楚能够将我们直接带向目的地最有效的行动是什么。

路线会将你从现在的位置带到山的另一边。如果地图有错误，或是你不小心跌下山谷，你都有可能彻底迷路，甚至死掉。迷路，意味着找不到线路，浑浑噩噩度日，没有任何成果。死亡，意味着放弃。要快速获得你想要的结果，你需要了解抵达目标的直接路线，然后大胆走出去，不管外面是晴是雨。

有时候情况可能很艰难，你可能想放弃，走上相反的道路。有时候你会很迷茫，不知身处何方。地图不是地形图，你永远不会确切知晓接下来的路，但如果你下定决心，无论怎样你都会做下去。你会行动力爆棚，即使感到艰难，你仍会到达想去的地方。

让我们弄清楚哪些行动会最直接地将你带向成功。这些都是解锁行动力的终极钥匙。坐下来仰望远处的山峰是毫无意义的。我们需要迈出第一步，然后是下一步，再下一步，直到回头发现自己已经身处山巅，甚至看不到开始的地方。到了那一步，一切就成定局，你没有回头路了。

发掘关键行动

"没有执行的愿景就只是幻象。"

——**托马斯·爱迪生**（Thomas Edison）

我们一起发掘一下需要做什么才能到达你的目的地。你需要安排好所有细小的事情、细微的步骤，这样你才能沿着既定的路线抵达。

行动就是将想法变为现实。行动意味着现实世界中的动作和改变。

你现在也明白了，不是所有行动都一样重要。根据二八定律，我们经常做的大约 80% 的事项都是无效的，等同于在浪费时间。这就意味着你基本上可以大幅减少你做的事，只专注于那些能够获得效果的 20% 的重要事项。

如果你能将乱七八糟的事项替换为 20% 的重要事项，你的行动就会变得更加有效。要记住，能让你成功的那 20% 的活动每天花几小时的时间就可以完成。所以，你可以做得更少，收获更多。但首先，你要找到最有效的事项是哪些。

练习：找出能够产出 80% 的结果那 20% 的重要事项

①将计划变为行动步骤。

看看你接下来 21 天的计划。你知道怎么做，但你知道真正践行时要采取的小步骤吗？

> 写下你认为要将想法变为现实需要采取的行动步骤，让所有步骤都深深印在脑海里。

将脑子里具体的行为步骤写到纸上。此时，不要担心步骤的顺序，这不要求完美。将你知道的所有该做的事情都清楚地呈现在纸上。在这一环节你可能会花费一些时间。

你的行动列表会像下面这样，表中的动词就是你要做的行动。

```
给_____打电话，聊一聊_____
_____

到_____，做_____
_____

发送邮件给_____
```

写下来后，就继续进行下一步吧。

②哪些行动步骤需要最少的工作量，却带来最佳的效果。

写下所有行为步骤后，找出工作量最少、效果最好的20%的步骤。不是列表上所有的事项都有同等的重要性。要少工作，多出成果，考虑哪些行动会比其他行动产生更大的积极效果。

想想我之前给出的例子：你可以将你的书发给100个人审阅，但很多人给出的反馈可能是毫无意义的，只会把你绕晕，浪费你的时间。但有些人很可能会给你真正有效的反馈，比其他人的反馈加起来至少有效10~50倍。

再举个例子：到底该重写和修改多少次？你可以重写30次，但有必要吗？一般3次就够了。超过3次的修改会提高书稿的质量吗？第 4 稿、第 5 稿会给你想要的结果吗？还是只会拖延完成的时间？很多情况下，过度分析和修改会把人困住，让人迷失方向，最终几个月都在原地打转，直到最终放弃。这可不是有效的做法。

找到最有效的 20% 的行动不容易，需要的不是努力行动，而是努力思考。以聪明的方式思考，减少盲目行动。你要找的是捷径：怎样才能少做事，少花时间，但却走得更远。

生活中总有捷径，但我们不会每次都看得到。因为我们习惯了旧有的做事方式，很少考虑其他选项。

比如，多少人被别人惹得不高兴，耗费数小时、数日、数周、数月或数年时间来纠结这件事，可能还会给那个人写邮件或写信，但从来没发出去过。当你终于有机会跟对方见面，没想到只花了几分钟就冰释前嫌……完成了那场艰难的对话后，我们会想要是早点这么做多好啊。

另外很常见的是，安装或升级了一个软件，然后上网调查了几个小时耗费大量时间想解决一个技术问题。结果最后，筋疲力尽，不得不放弃，决定找人帮忙，但没想到人家 5 分钟就搞定了。

这种事情经常发生，也可以被避免。事实上，你作为创造者，有义务消除这些问题，专注该做的事，轻松、优雅、平稳地征服一座座山峰。

练习：摆脱不重要的 80%

- 查看你完整的行动列表，并按顺序排列。
- 有没有可以划掉的多余的事情？
- 哪些事情可以外包出去？
- 有哪些捷径可以走？

  利用二八定律，发掘如何可以更轻松地获得更好的结果。带着这种思想升级行动，将目标定为少工作，少花时间，获得更好的结果。你总会发现提升的空间。

- 修改满意后，写升级版待办清单。

  这是你在 21 天里要实现目标需要做的完整的 20% 清单。这种清晰程度会让你安心，让你发自内心地感到喜悦，会激发你开始采取行动。一旦你明白最重要的 20% 是什么，就可以开始制作每周 20% 清单了。

- 分解成 3 周待办事项清单。清楚每周末想要达到的结果。

注意：如果列出最重要的 20% 事项让你没有头绪，或者选不出那 20% 的事项，那就先放到一边，按照基本的应做事项列表去做吧。慢慢地，你会发现哪些事项更有效，哪些事项影响很小。你要留意哪些事项需要的工作量少，但却能获得更多结果。

准备好开始你的 21 天挑战了吗

让我们再回顾一次,确保你明白自己在做什么,并准备好开始行动。

想实现的目标(W =What)

你知道自己的目标及其重要性,清楚实现目标的时间和地点,并做了一个愿景板提醒自己。

如何实现(H =How)

你有了到达目的地步步为营的路线,即计划。

负责制(A= Accountability)

你与伙伴设置好了负责制,并做出了承诺。

有利条件(C= Conditions)

你已经设置好,能够相对容易地做好该做的事。

开始行动(K= Kick-Start)

慢慢你会发现采取哪些具体行动有助于实现目标。

如果没有问题的话,你就可以开始项目了,用满满的行动力,将想法转变为现实。

第十九章 享受挑战：21 天见证奇迹般的改变

此刻应有掌声。因为到了这里，你就已经加入了全世界最高产的 1% 行动者的行列了。清楚目标及如何实现目标，就可以做到战无不胜。

21 天挑战如此有效的一个原因是你不再希望最终能实现目标，而是有了一个清晰的项目截止日期。这就意味着你已经打开了一个强大的机会之窗，在这里，你可以全力以赴，突破抗拒心理，在 21 天时间里取得胜利。

在 21 天里，你真的有很多时间可以用来达成目标。21 天挑战里的每一天都很宝贵，可以把每天都当作 10 亿价值来对待。珍惜自己，珍惜自己的时间，珍惜自己的生命。

如下建议和技巧更有助于你专注目标，最大程度利用每一天。将它们融入你的生活，你会发现自己的精力更旺盛，比往常更高产。

建议 1：你的每日必要事项清单

> 每天都有强大行动力的关键就是"每日必要事项清单"。

不是那种传统的清单，不是写满乱七八糟各种事情的清单，而是扎扎实实、最重要的 20% 事项清单。

很多人每天不知道要做什么，浑浑噩噩，随波逐流，到处救火。有些人列了满满的清单，但多数事项都不重要。如果你每天早上醒来第一件事就是看邮件，那么你就会立刻开始惊慌，最后一整天都很忙乱，却一事无成。

我建议列个简单却强大的清单，只列出最有用、影响最大的事项，先做这几件事，然后再做其他事。如果你无法专注重要的事，就注定会失败，因为一旦开始分心，再回归正常状态是很难的。通过做最重要的 20% 事项，你会在接下来的 21 天里真正改变生活。

如何创建每日必要事项清单

创建你的 20% 清单需要：

- 检查每周的结果与行动；
- 从列表中选取一个你想在一天结束前实现的重要结果；
- 每天都用纸条记录下已实现的重要结果。

这就意味着新的一天开始之前，你已经有了一个清晰、简洁的待办事项清单，上面列出了你需要做的最重要的事项。把那张纸条一直放在身上,它可以提醒你哪些是重要的事情,帮你避免分心。

虽然这些事情看起来琐碎,但坚持做能给你带来深远的影响。

当我写下每天要做的事情,我就会做到。不写的时候,奇奇怪怪的事情总会过来捣乱,让我分心。没有清晰、简单的列表,一天很快就会变成一场偏执的冒险。你什么都做了,就是没做应该做的重要事项。生活充满了让人分心、琐碎的事情,如果不专注,就很可能一直浑浑噩噩下去。让你分心的怪物又饿又活跃,用你清晰的清单将他赶走吧!

有时候就是因为没列出清单,我会在房子里瞎晃悠,无所事事,不去做应该做的事。意识到之后,我也会笑话自己。即使脑子里清楚该做什么,如果不写下来,还是做不到,或者到最后一刻才做,也未能全力以赴。为自己工作了 20 年后,我发现这个简单的清单对我的生活有着重大影响。

小心!21 天一转眼就过去了。你会做成项目吗?如果列个扎扎实实的清单,并一项项行动,你会的!

你今天最大的提升是什么

你会在 20% 高产列表上写什么呢?

你现在已经知道了,不是所有行动都会产生相同的效果。

事实上，我们做的多数事项都是低价值的，不会对生活或工作产生重大影响。所以，如果你想在 21 天挑战里得到最大收获，就要制订每天取得一项重要成功的目标。

时间管理的假象就是：你所做的所有事项都同样重要，把所有事项列出来，每完成一个打个勾，就会获得成功。

真相是：只有 20% 的行动会带来 80% 的成功。因此，每天专注几个有效的行动是至关重要的，这样分配时间是最划算的，而且可以尽量在一大早就完成。

你的每日清单必须很强大，清单上只写 1~3 件最有效的事情。你可能会忍不住安排无数任务，最后只会不停地打勾，这是自我破坏而不是成功的表现。

每天都会有几个强大的行动，对你的生活和工作产生长久的积极影响。

因此，不要在那些毫无意义的琐碎事项清单上浪费时间，这些事项对实现目标起着微不足道的作用。专注于 20%，获得 80% 的影响力。有时候，一天一个大的进步或一个主要的行动就够了。清单上列的事情越少越好。不要做太多，要专注于获得重要的结果。

如果你的清单上有 3~5 件要做的事，那么先在你精力最充沛的时候专注于最有效的几件事，然后在精力没那么充沛时，再去做价值低但又必须要做的事。

如何评价每日清单

你的每日行动清单不只是一个随便的事项清单,清单的目的是让你精进,直接、有效地向目标靠近。如果清单上的事项没有产生效果,或是未能促使你向目标靠近,那么肯定是哪里出问题了!

查看你的主要目标,确定你需要专注的几件事是什么?

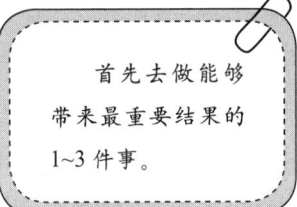
首先去做能够带来最重要结果的1~3件事。

将列清单变成每日必做事项

建议每天早上第一件事就是制作一个必要事项清单。确保清单上只有能够带来重大影响的20%事项,厘清今天想要实现升级的要事后再开始一天的工作。

一开始,你可能不清楚自己在做的事到底有多强大。但随着时间的推移,你会变成一个行动力专家。每次做这个练习,你都会发现你的20%行动到底是什么,你会有能力甄别哪些事情实际上只是在浪费时间。这种思考方式会改变你的生活。你会拥有更多时间、金钱、自由和快乐。

建议2:在分心前摧毁让你分心的事

即便你有很好的想法,扎实的计划,强大的影响力清单,但要做成事情这些还不够！我们需要清除生活中的垃圾和让我们分心的事，腾出空间采取新行动，不让自己注意力跑偏或陷于琐碎的陷阱中。

这一点可能很多人都明白，但不是每个人都能做到。如果你想一举成功，快速实现目标，那么清除或大幅减少让你分心的事至关重要。如果让你被各种分心的琐事包围，你肯定会被带跑。

网络是把双刃剑，既有好处，也有坏处。一方面，网络给了我们真正强大的工具，让生活变得容易，让我们能够做10年、20年、50年、100年前做不到的事情。另一方面，它也是让人分心的终极陷阱，点击几下，就可以上网、浏览应用程序、聊天或做其他无数分散注意力的事情，最终将我们拖入分心和无意义的陷阱。

智能手机已经被有意打造成一种视觉机器了，让人们不停点击、刷上刷下或盯着屏幕。大多数企业的商业模式都与屏幕有关。我们看应用程序或网站的时间越长，商家挣的钱越多。这激励了企业及他们的"天才"程序设计师设计出让人欲罢不能的东西，利用人性的弱点来获取暴利。

小心，所有通知的目的都是让你对其欲罢不能，手机程序提供了无尽的新事物供我们体验，一旦对网络新事物上瘾，就会产生离开手机几小时会错过很多东西的感觉。这种"现代成瘾"极大地加剧了当代人的焦虑、不安,让我们心思涣散,越来越难高质量地完成工作。

最大的问题是,我们经常意识不到问题。大多数情况下,拖延是在无意识的情况下发生的。无休止地刷手机已成为大多数人的习惯。时间总是在刷社交媒体、浏览视频网站或网络聊天中悄悄流逝,人们可能还没反应过来,一天就结束了。

比如,我昨天就打算写完这本书,但从早上5:00写到6:30后,我去海边散了会儿步。后来回到家,我踏踏实实工作到将近中午。所以,总的来说,还算个高产的早晨。但接下来发生了什么?

我本打算休息一下,吃个午饭,小憩一会儿,然后写完这本书。结果,我开始看起了《霍比特人:意外之旅》。看完后,我想还不如把下一部《霍比特人:史矛革之战》也看了。反应过来后,发现已经过去五个小时了。这可是很严重的"跑偏"。第二部看到一半,太阳开始下山,坐在黑暗中,我才意识到发生了什么,自己咯咯笑了起来。

有趣的是,跑偏也不全是坏事。我早上做了很多工作,现在回来继续写,也快写完了。说实话,一天都高产并保持专注不是件容易的事。所以,我

> 记住二八原则,我们不可能一直保持高效。

试图午饭后继续写也是有点把自己逼得太狠了。

一直保持高效是不可能的。即便不可能一整天保持高效，我们仍可以通过多做 20% 有效的事，提高产出。我试过持续专注做 20% 的事项，但却无法长久。我发现最多只能做到花 3 倍的时间在 20% 的事项上。所以，我现在每天花 60% 的时间做有效事项。再做下去，就感觉像在扭曲时间，活在了另一个维度。

确实，我会跑偏，同样地，你也会。对我来说，我会在完成一天该做的几件事后开始跑偏。

有时候分心和跑偏的情况可能会更糟糕。想象一下，如果我早上醒来，决定不写作，而是去看个电影，那么我可能会陷入电影的世界不能自拔。早上的劲头会被浪费在娱乐上，最终会一整天都感觉筋疲力尽，十分受挫。一不小心，几天几周可能就会这样过去，直到把钱花光，或其他危机发生，把我们唤醒。

在现代社会里分心是很常见的。很多人都会陷入各种让自己分心的事情中，导致完成不了重要的事。分心不仅是看电视或刷手机。做当时看起来有效但事后看实际是浪费时间的事，也是一种跑偏。我们的生活在一种不断被电话、邮件和他人打断的状态中。似乎现代世界，从醒来到睡觉，都充斥着无数让人分心的事。如果要实现目标，需要专注那 20% 的事项，避免所有可能将我们摧毁，让我们跑偏的事。

20 分钟诅咒

你知道吗？每次专注和高产的状态被打断后，要花大概 20 分钟才能回到之前的专注程度。

也就是说，如果你在写书，有人给你打电话或发短信，你停下来看手机，要花大约 20 分钟时间才能回到之前的专注状态。在内心权衡一下吧，难道你要为看一眼手机浪费掉 20 分钟的宝贵时间吗？

不知道你会如何选择，但我不想这样浪费时间。我不想生活在危机不断、到处救火、持续焦虑的状态中。我宁愿保持专注状态，做完该做的工作，让生活成功、愉悦，最终有所成就！

如果你想把一切安排妥当，下面这些建议有助于帮助你摆脱分心，让你专注于处理该做的事，并尽可能快速、容易地做到。

最致命的分心事物及应对办法

①手机。

手机是伟大的发明，能够大大提高人们的产出和愉悦感，但同时也是把双刃剑。如果我是个坏人，想发明一个让人们拖延和浪费时间的有效工具，我会发明智能手机，并让每个人都用手机。这个神奇的设备，太容易让人上瘾和分心了，大多数人都不能合理使用它。他们一直带着手机，不停拨弄，直到深夜。

智能手机和其他无线通信设备让人难以割舍的原因是：它们的设计初衷就是让人成瘾。这是手机与之前所有电子设备相比最大的不同。

"乔布斯说的对：智能手机确实与众不同，其中很多不同是带给人们的好处。但智能手机也在造成破坏，纠缠我们，在我们工作的时候打扰我们。它争夺我们的注意力，并在得到注意时奖赏我们。……用谷歌（Google）前产品经理特里斯坦·哈里斯（Tristan Harris）的话说，他现在正努力让越来越多的人意识到手机对人们的操纵，'20世纪70年代，电话的另一边并没有上千名工程师在不断更新设计它，让其变得越来越有吸引力'"。

——凯瑟琳·布莱斯（Catherine Price）
《如何甩掉手机：重拾生活的30天计划》
(*How to Break Up with Your Phone：the 30-Day Plan to Take Back Your life*)

如今，出门不带手机似乎是一件危险且不负责任的事，好像我们有义务必须将手机带在身边并一直查看，一天24小时、一周7天都与世界保持联系。有了智能手机，你可以发短信、查看邮件、接打电话、浏览各种应用程序、查看社交媒体，甚至可以一天看完一整个系列的电影，这增加了无限分心与拖延的可能性。

如果你想做事，那么工作时关掉手机。可能听起来很疯狂，但关上手机，世界依然照常运转。工作时你可以开启飞行模式（这样没人能联系到你），因为收短信、接电话会毁掉你的注意力，让你做不了任何事。

做到这一点，你实现目标的能力就会大幅提升。

如果你像越来越多的人一样，感受到手机给你造成了很大困扰，或太让你分心，你想进一步增强控制力的话，可以去学习如何戒掉网络的毒，重新获取被电子产品夺走的时间。

②互联网。

互联网，就像手机一样，也是个神奇的发明，它让我们能够在几秒钟时间接触到几乎任何东西。然而，除非你清楚自己使用互联网的真正目的，否则它很可能让你在许多事情上无限拖延。

我个人建议你不用互联网的时候关掉它。我知道这听起来有点极端，但如果你很容易就能上网，拖延就会一分一秒、日复一日地侵蚀你。不要冒这个险，关掉它。你可以拔掉网线或关掉电脑上的无线网络。如果还是不行，就下个禁互联网的应用程序，让你在一段时间内不能浏览使你分心的网站。底线：清除让你分心的诱惑，你会在更少压力下做更多工作。这样就简单多了。

③他人。

查尔斯·狄更斯（Charles Dickens）深谙此道,他不仅在书房安装了第二道门来阻挡外界的噪音,还不允许任何人在他工作时打扰他。如果他有可以上网的电脑,手机在桌子上不停地嘀嘀响,或者在一个每3分钟都被打断一次的办公室工作,你觉得他还能出版十几篇长篇小说、众多短篇小说、几部戏剧,外加几部纪实文学吗？我想不会。很可能,我们连听都没听说过他。

当你专注于某事时,他人可能会让你分心。我工作的时候,会特意让大家知道我在忙着,除非有真的特别紧急的事需要我处理。紧急的事,当然不是指朋友在食品店排队,着急知道我是不是需要他帮我带什么。我所说的紧急的事,是指生死攸关的事,比如海啸、飓风、战争,等等。

如果你想完成一些事情,把门关上。有必要的话,把门锁上。告诉别人这1~2小时你在忙着。我妻子不在家的时候,我至少可以多做3倍的工作。倒也不是说她总打扰我,只是她在身边就让我比较容易分心。我很爱她,但也经常不得不对她说:"我写作的时候,请不要打断我或跟我说话。"实际上,一般她的问题即使等1个小时后再问,也不会造成什么大问题。但如果我每25分钟被打断一次,就什么都做不成了,我的项目也会因此一拖再拖。那些简单的问题最后可能会浪费几个小时、几天、几周，甚至几年时间。最好一次只专注做一件事，在你不工作的时候可以将全部注意力放在身边的人身上。

如果你能够解决这三个让人分心的因素——手机、网络和他人。你的专注力会迅速提高，你会惊奇地发现自己的生产力有多么高，成就有多丰硕。

建议3：魔法定时器

下面是快速提高专注力，完成清单事项的终极建议。

很简单，每个工作项目开始前使用定时器定时，选择你的工作时长（比如50分钟）。准备好后，点击"开始"，并投入工作，直到定时器提示时间到了，然后休息。休息好后，点击"开始"按钮，继续新一轮工作任务。这听起来可能简单，但其效果极其强大，可以帮助你克服拖延，完成任务。

我还不太清楚为什么这个方法如此有效，但打开定时器，设定开始和结束时间可以在几秒钟内改变我的情绪。让我从有点兴趣或没兴趣转变为十分坚定、行动力爆棚。

对我来说，点击定时器的"开始"按钮就像从半死不活的状态一下子跳到奥运会赛场上，准备赢得100米金牌一样。

定时器是个神奇的东西。所以，去尝试一下吧。

定时器的选择

手机：可以用手机做定时器。但需要注意的是，如果抵制不住看信息或玩手机的诱惑，就不要使用手机。

独立计时器：你也可以从厨具店或电子产品店买个独立计时器。

计时器应用：例如你可以在电脑或手机上下载番茄钟（Pomodoro）计时器的应用程序，网上也有各种各样类似的计时器。

沙漏：你甚至可以复古一点，买个沙漏。我最近就买了一个沙漏放在桌子上。准备开始时，我会把它翻过来。看着沙子的滴漏，能够让人真切感受到时间的流逝。在这个过度数字化的时代，如果你喜欢实物带来的真切感受，那么你可能会喜欢沙漏，去试试吧。

不管使用哪种计时器，都可以起到设定工作时间的效果，在一段时间里，不被分心。重要的是要有个计时器，不管是什么形式的，然后行动起来。只要有效就好！

为专注做好准备

第一，消除一切分心的事，专注下来。

第二，从清单里选一个事项。选最重要的那件，如果不知道该选哪个，就随便选。我这里假定的是你已经列好了一个清单,并且清单上的事项都很重要,不是浪费时间、无意义的任务。

如果你还没有一个明确的清单,回去先列一个,然后再继续。

设定你的工作时间

工作的方式有很多种,重要的是,你要尝试不同的方式,找到最适合你自己的。经过实验,我发现将 50 分钟(我的沙漏就是 50 分钟的)作为一个工作时段(不分心),我能完成的高质量工作最多,然后赶快休息一下,再工作 50 分钟,之后再进入一个长一点的休息阶段。

我的工作时间如下:

- 超级专注地工作 50 分钟;
- 休息 10 分钟(喝点东西、四处走一走、出门、躺一会儿);
- 超级专注地工作 50 分钟;
- 休息 30~60 分钟(休息、放松、吃东西、散步等,补充能量);
- 然后循环。

如果我想多完成一些工作,我就会多完成一个循环。每天只需要进行两个"50-10-50"的循环,就可以实现高效工作,拖延就会成为过去。

有些人奉行番茄钟工作法，认为工作 25 分钟然后休息对他们来说是最完美的，还有些人习惯一次工作 1.5~2 小时。对我来说，"50–10–50"工作法最有效。你要找到对你最有效的方法，不要被这里的数字弄晕了。如果你不确定，那就一次工作 1 小时。关键是要在你精力充沛、能够专注的时间段工作（不要被社交媒体、发信息或邮件打断）。用这些方法试验下，找到对你最有效的方法。

点击开始，立即行动

最后，就是我们一直期待的部分了。至此，你就可以开始做一直拖延的事情了，让生活重新整装待发。

你已经几乎消除了所有可能造成拖延的因素，所以，在你点击"开始"按钮时，就已经准备好完成任务了。

如果你跟我一样，你就会发现确定截止日期、看自己在指定时间内能做多少事是件很有趣的事情。

一按"开始"，就出发吧！不要担心是否完美！不要担心这担心那。直接开始行动，不管你在做什么，继续做直到计时器结束。这样，你就不只是在一直拖延的具体事情上取得进步了，更重要的是，你会积累每天采取行动的内在力量和习惯，进而有所成就。就像肌肉，用得越多，越强壮。

即使你有点跑偏，就像我打算写东西的时候，却连续看了两部电影，但第二天你仍会继续执行计划，专注完成想做的事。

每日坚持极其重要，怎么强调都不过分。这些新习惯会拯救你于拖延和危机之中。你投入的每一刻都是在将新生命力注入梦想。你在主宰你的生活，成为你自己的船长，自己命运的主人。还有什么比这更重要吗？

好玩的故事与关于负责制的温馨提醒

你可能也很好奇设定好负责制后，会发生什么。下面这个真实的故事会让你发笑。

一天早上，我闻到一股恶臭飘在房子里。我试图忽略，但味道越来越大，后来我意识到这是一个个腐烂的尸体发出的恶臭。在考艾岛，有很多野鸡到处跑，到处惹麻烦。野鸡死后，腐烂尸体的味道像野火一样四处蔓延。

也许死鸡象征着我的生活是如何在我无意识的情况下开始发臭的。抱怨味道的同时，我突然从持续数月的浑浑噩噩的状态中惊醒，从这种状态中抽离出来，意识到我早就放弃了曾显著提升我的生活的负责制。

刚开始体验到成功后，我变得自大。渐渐地，生活不知不觉陷入混沌。我不再做给我带来很棒的感觉、让我处于巅峰状态的事情了，我开始沦落得懒散、平庸，放弃了我曾经珍视的每日行动,生活变得日益乏味、压抑,这让我很不满意。这是个崭新的时刻,是时候重新开始了。

受恶臭的刺激,我做了一个让我充满能量的决定,那就是重新开始负责制,让生活重整旗鼓。我想做出承诺,每天至少做12件想做的事,一次性给生活带来巨大提升。

不幸的是,这不像我想得那么容易。下面是事情的经过……

激动的我拿出"愿景文件夹",在这摞纸上,清楚地写明要做哪些事情会让我高兴。

接下来,我想好了让谁做我的负责制伙伴。就在我要联系她时,我陷入无意识的出神状态,开始分心。死鸡的恶臭味已经远去,但我还没意识到,自己已经放弃了任务,跑到花园去找发臭的尸体,拿起一个纸箱和铁锹,跑到林子里顺着气味寻找。

随着将死亡的味道吸入肺中,我意识到我的内心对设定负责制的抗拒心理有多严重。在充满恶臭的林子里,我拿着铁锹,笑自己宁愿去捡发臭的尸体,也不愿设定负责制!为了逃避负责制,我几乎愿意做任何事情。如果没有死鸡,我很可能会发现其他危机,转移自己的注意力,或是迷失在发信息、邮件、看电影或其他乱七八糟的事情上,来逃避要做的事。

捏住鼻子,尽量屏住呼吸,我把长满蛆的尸体弄到纸箱里。感到有点恶心,又对自己感到有点满意,我回到房子里,打算继续做之前在做的事。

还没反应过来,我就再一次陷入拖延和走神的状态。这次,让我分心的是脸书上的一个视频。视频中,拉斯维加斯的一家酒店正在被拆除。多好的事啊,拆旧迎新,开始建设新生活前,首先要铲除旧生活。

但我仍然没有回到工作上,而是注意到自己很饿。我给自己做了午餐(看,拖延在起作用)。午饭后,我睡了一会儿,让自己恢复精力……

最后,我还是找回了开始工作的动力,写下一长串应做事情的清单,发给负责伙伴看。我就快完成了,准备好迎接成功了!

剩下的就是拿起手机给负责伙伴打电话了。就在我打算打电话时,脚竟然意外地重重撞上台阶,把左脚大拇指撞坏了,疼得我笑了起来。

越来越荒谬了。我在想,接下来会怎样?朝自己的心脏插一刀?坠落悬崖?被一架失联飞机击中?

弄伤脚趾几秒钟后,我就拿起了电话,但发现已经晚上11:11了。到此为止,我已经没有其他选择了,只能去注意自己的抗拒心理的外在表现。什么都做不了的我,接下来几小时就在包扎脚趾,躺下来冰敷,等待消肿。最后,我确实联系了朋友,聊了聊我们的约定——我每天至少要做12件事情,包括3点前起床冥想,高度专注工作4小时。

第一天，几乎什么都没做，因为我根本起不了床，需要多休息疗伤。休息了一天之后，我就可以开始行动并冲向自由了（就这样，跛着脚）。

故事还没完。第二天，我正式开始了责任制，感觉特别好！初始的成功让我兴奋不已，打算进一步精简生活。我注意到有一样东西在浪费我的时间，拖慢我的节奏——那就是手机。

在我考虑怎么处理手机时，我蹒跚地走向一家酒店去放松。出去的时候，我决定该给手机设个密码了，以防丢失。就在我输入密码时，酒店的人过来问了我一个问题，让我走了神了。还没反应过来，我就输入了一个没记住的密码。所以，现在我把自己的手机锁住，打不开了！

这个潜意识解决手机问题的办法可真是有意思啊！浪费了几个小时时间研究解锁后，我发现唯一的办法就是清除一切数据。所以，负责制第一天结束时，我有了一个崭新的手机，没有应用程序、没有联系人、没有消息、没有任何分心的东西。虽然不是我想要的，但却是我潜意识想要的。深层次的我似乎在作怪，我就这样带着敬畏与惊奇结束了第一天。

开始新负责制的第二天早上，醒来后，我发现眼睛有点不舒服，还开始打喷嚏。但我还是起床了，可症状还在持续，甚至变得更糟，甚至最后我什么都做不了。我看着镜子，发现自己眼睛血红，鼻涕流得像瀑布，感觉像个怪兽。咳嗽，吐痰，一个断趾就把我搞成这样,完全做不了任何事情,只能躺着、咳嗽、大喘气。抗拒心理再一次袭来,完全将我打败。所以就这样,接下来的几天,我执行不了设定负责的事了,甚至倒退到比之前更糟糕的状态。

小心!当你采用极端的方式拒绝旧习惯时,你已经开始抗拒了。正如我尽力同时执行 12 件超级有效、极具挑战的任务,但是最后被狠狠教训了一顿。

从这个故事中应吸取的两个教训。

出现抗拒心理说明你在正确的道路上

很多人都听信:"如果你感觉不好,那说明就是不好。"但其实并不总是这样。想想因为当时"感觉好",多少人做出了糟糕的选择,最终导致了长期问题。查看邮件、浏览社交媒体可能感觉良好,但也因此消耗自己,或以无数方式让我们分心,不能做该做的事。

对待生活的成熟态度有时(经常)就是做正确的事,即便当时觉得很难或感觉不好。比如,我不喜欢练瑜伽,但练完感觉很好。工作也不总是让我感觉良好,但之后我很开心我完成了工作,而不是在油管(YouTube)上虚度光阴。

一个不得不承认的事实是:抗拒心理越强越好。尽管可能与直觉相反,但更多的阻力意味着更多潜在的成功。大多人生活失败是因为他们放任抗拒心理，让其占据了内心。他们选择了容易的选项，却忽视了会改变生活的艰难选择。如果你宁愿选择捡尸体并折断脚趾，也不愿设定负责制，那就说明你要做的这件事是一件重要的事，旧习惯害怕了。改变意味着不同，不同可能对我们来说有点吓人，即便同时也意味着我们将会有很大进步。我们生活在一个落后的世界里，对我们不好的事情往往是极其容易做的事。然而，对我们好的事情一般会遭遇强烈或不愉快的抗拒与戏剧性转折。习惯它，并继续坚持做，成功就属于你。

一次只做一件事

我自己亲身试验了 20 多年个人的改变，发现很难做到一次养成多个新习惯。我愿意相信自己可以一次做出多个改变，但这是不可能的。我最多一次可以做到坚持 3 个习惯，却遭遇了很强的抗拒心理，最终证明这样做并不值得。

你想不断尝试，不断失败吗？还是希望每个月持续不断地进步，最终更高效、更开心？把事情简单化。每次只培养一个习惯，然后继续培养下一个。刚开始缓慢、平稳的改变会随着时间的推移积聚力量与速度。小心，要从最重要的那件事情开始做，见证习惯的力量。一旦成功养成一个新习惯，再继续下一个，久而久之就会创造一个极其不平凡的生活。

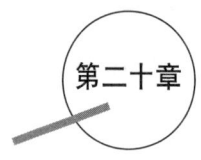

第二十章 高效休息：休息也需要仪式感

"这个时代的人们正在丧失庆祝的能力。我们追求娱乐或愉悦，而不是庆祝。庆祝是一种表达敬畏或感激的主动行为。娱乐是一种接受搞笑或戏剧性画面所带来的愉悦感的被动状态。庆祝是一种面对，它关注行为的超越性。"

——亚伯拉罕·约书亚·赫歇尔 (Abraham Joshua Heschel)

每个人都需要花时间放松、庆祝成功，让自己感觉焕然一新。21天挑战包括3个阶段。

阶段1：突破——不战而胜。

阶段2：行动——践行21天挑战。

阶段3：放松——庆祝并休整。

最棒的时刻来临了！准备好迎接阶段3。此时，你可以花点时间放松，庆祝取得的成功了。

为什么在挑战开始前就要明确阶段3要做的事呢？因为如果等到21天挑战结束后，再制订阶段3的休息计划，你很可能压根儿就休息不了。实际上，高质量的庆祝与深层次的休息需要提前计划和安排。

某天早上突然想起一个不成熟的计划，与计划一个提升生活质量的美妙假期，让你获得深层次休息相比，还是有很大差别的。

要真正得到休整，你很可能需要屏蔽日历，让自己走得开，可能还需要提前预订机票，准备好旅行需要的东西。这样完成21天挑战后，你就可以直接进入庆祝状态了。

想象一下成功完成21天挑战，去庆祝胜利，沉浸在崭新的生活里，该是多么美妙的画面啊！只需一点计划和创意，就可以为自己创造这种经历。

我们这些疯狂的创造家们完成一个项目后，很容易还没认可胜利，想都没想就一头扎进新任务里了。这样做不好，因为我们需要休息。不休息，身体就会透支，感觉自己像蒙着眼睛推磨的驴，看不到终点和希望。这样没意思，我们最后还会变得效率低下。因为不庆祝、不休息，我们就不会被点燃，不会对生活感到兴奋。

学会高质量地休息

- 选择令你活力满满、精神焕发的事；
- 决定做这件事的日期；
- 现在就把这件事记在日历里，以免这个日期被其他事情填满；
- 万一出现意外情况，就实施备用计划。

不需要休息几周或几个月才能让自己精神焕发。很多人认为3~4天的长周末足以让自己感觉良好，只要计划得当。休息时间可长可短，只要对你有效就好。主要是要完全享受休息时间，回来后能够元气满满，创造更多美好。

制订放松计划时，一定要考虑好哪种类型的活动能激发你的动力。

- 哪种类型的经历会让你感到有生命力？
- 哪种情形或活动最可能让你精神焕发？
- 哪种活动会让你切实感到焕然一新且充满成就感？

这些问题都没有正确答案，只要选择的活动让自己感到元气满满、轻松愉悦、充满活力即可。放松的方式可以仅仅是切断网络，烧壶开水，读一直想读的书，到大自然中走一走，做个水疗，见见许久未见的老朋友。

不要太复杂，想想你最爱做的事情。

找到对你来说庆祝胜利的最佳方式

- 你会如何庆祝胜利？
- 什么事会带给你最大的欢乐？

- 哪种类型的庆祝方式能够让你加足马力，即使内心抗拒也会完成 21 天挑战任务？
- 你会休息几天？
- 休息期间，你会跟谁在一起，还是一个人？

升级你的庆祝方式

上面的问题有了想法，就思考下面的问题：

- 如何将庆祝的愉悦程度提高 2~10 倍？
- 如何将庆祝计划和筹备过程简化 2~10 倍？

一旦明确了如何放松和庆祝，写下来，并放在你很容易看到的地方。

你甚至可以在愿望板上贴几张图片，提醒自己完成 21 天挑战后会如何庆祝。

我的放松与庆祝计划

> 我会在_____(日期)_____庆祝胜利，并享受高质量的休息时间。

> 我会在＿＿（日期）＿＿做这件事。
>
> 我一定会做这件事，因为＿＿＿＿＿＿＿＿＿＿。
>
> 确保为休假做好充分准备，我会＿＿＿＿＿＿＿
>
> ＿＿＿＿＿＿＿＿＿＿＿＿＿＿＿＿＿。

花点时间，做好休息计划，到 21 天挑战结束时，就可以直接迎接你应得的休息了。计划得越好，越容易做到并享受休息。

在这个阶段，你可能做不到周密的计划，但还是要计划，并列进日程，为休息、恢复和庆祝做好准备。

庆祝成功是你与生俱来的权利。

你已经知道自己想实现的目标及在 21 天挑战结束后如何庆祝了。现在是时候搞清楚怎么迎接挑战了。你的计划是什么呢？你会采取哪些步骤让自己从所处的位置到达目的地呢？

第二十一章 整体回顾,牢记效率革命的每个细节

本章将快速总结一下整个 21 天挑战的内容,这样你就可以清楚知道现在自己所处的位置及未来的方向了。

21 天挑战包括 3 个阶段:突破、行动与放松。3 个阶段合力,让你在与负面、借口、抗拒的斗争中胜出,向世界全面展示你的天赋。

阶段 1:

突破(W=Whack)!挑战前准备——不战而胜

了解 21 天挑战计划,先胜而后求战。

阶段 2:

行动(A=Act)!去实现所向披靡的 21 天挑战

开始 21 天的超强行动,让不可能成为可能。

阶段 3:

放松(R=Relax)!庆祝并休整

挑战后,要休息、放松、充电、庆祝,为下一个任务做准备。

这三个阶段结合起来将给予你向抗拒心理开战并获胜的能力,屡试不爽。

- 突破、行动、放松
- 准备、工作、行动
- 明确、创造、休整

这三个阶段让你所向披靡、势不可挡。突破、行动、放松，打败过去所有阻挠你成功的因素。按照这些阶段执行，你的成功将势不可挡。

我们再来看一下背后的原理。

阶段1：突破（W=Whack）！挑战前准备——不战而胜

"是故胜兵先胜而后求战。"

——孙子

W= 你想要什么（What）

第1步：你想实现什么目标？

写下所有未完成且给你压力的事，把脑子里想的事情都写到纸上。

第2步：选一件接下来21天要专注完成的主要事项。

> 在接下来 21 天里,我想完成_____

第 3 步:为什么选这件事?

为什么你做到这件事后,生活就会变得更好?

你会感觉如何?

为什么这件事对你重要?

做这件事还有其他好处吗?

如果你不做,会发生什么?

如果做不到,会让谁失望?

如果做不到,你会产生哪些负面感受?

完成下面这句话。

> 这件事对我很重要,原因是_____

第 4 步:完成日期。

这件事的完成日期是什么时候?

选一个具体的日期。

清楚写下截止日期。给自己足够的时间,但也不要拖太久,否则就不会有任何效力了。

我会在_____
_____前完成_____

第5步：时间和地点。

你会在哪里做这件事？

写下来做这件事的地点会很有效，做这件事的时候你人会在哪里？

完成以下完整声明：

我决定完成_____
_____

（比如：20**年9月1日前，完成《21天告别低效人生》这本书，并建好网站。）

这件事对我很重要，原因是 _____
_____

（比如，会给人更多前进的力量，会帮助我每个月都做成事情，提高我的收入和影响力，给我更多启发。）

做这件事的时间和地点：_____

（比如：我会每天早上坐在书桌前做这件事。）

第 6 步：制作愿景板

选一些简单又强大的图片，激励你完成任务。

H= 如何实现（How）

第 1 步：写下你想实现的目标（结果、目的地）。

第 2 步：写下你能想到的实现结果的最佳计划。

比如：给比尔打电话，约时间；与苏茜见面，完成初稿等。

这是你的第一个路线图。接下来，就更有意思了。

第 3 步：看一下你的计划，并问自己下列问题。

怎样才能花较少时间，获得同样的结果？

怎样做能够至少快 4 倍，容易 4 倍？

21 天计划 2.0 版。

写下来。

A= 绝对负责（Accountability）：做成事情的神奇力量

每日负责制能让你制定坚不可摧的行动计划（包括汇报的对象、内容、地点、时间）。

C= 条件（Conditions）

为确保成功，需要设定哪些有利条件？

你需要为生活添加什么？去掉什么？

现在就弄清楚。

第 1 步：需要准备好哪些东西，才能让成功更容易？

记住，大多数有利条件都不是什么复杂的内容，反而是那些简单到不足以让人思考的事情。不要被简单给骗了，最重要的是有效与否。

你成功的有利条件是什么？写下来。

第 2 步：还缺点什么？

再看一遍，这些有利条件真的能保证成功吗？

真的超级容易吗？你真的完全清楚到底需要做什么吗？

把所有条件都写下来，这样就十分清楚了。

如果你做到，会发生什么？比如：你会最终做到该做的事，将想法变为现实吗？

第 3 步：现在就去做！

在继续之前，设定好有利条件。准备好你需要的任何东西（比方说香蕉和搅拌机），将生活设定为成功模式。

这是实现自由的关键。

K＝开始（Kick-Start）

设定实现目标所需的每周具体行动，立即开启你的 21 天挑战。

你的每周行动步骤：

第 1 周

结果	行动
这周想实现什么目标？	什么行动让你实现目标？

第 2 周

结果	行动
这周想实现什么目标？	什么行动让你实现目标？

第 3 周

结果	行动
这周想实现什么目标？	什么行动让你实现目标？

现在就差行动了！

阶段2：行动（A=Act）！去实现所向披靡的21天挑战

"无论你能做什么，或梦想做什么，放手去做吧！勇气能够调动天分、召唤魔法、聚集力量。现在就开始行动吧。"

——歌德（Goethe）

21天挑战：将想法变为现实，善始善终的21天

每日事项：

①早起；

②看一下愿景板、计划与每周行动。提醒自己在做什么，为什么做，需要什么来确保成功；

③写下每日必做事项清单：今天需要做哪些事情才能确保实现目标？

④每天尽早完成最高效的20%事项；

⑤在精力最充沛时，使用计时器工作；

⑥每天至少花1或2小时休息或充电，确保工作时高效；

⑦避免或消除让你分心的事物。这是一场战争！（如果被分心，不要指责自己。记住你的愿景，回到任务上来！）

刀枪不入的负责制

每天与你的负责伙伴分享每日结果（不留回旋余地）。

建议：每周花点时间充电

要保持高效，每周花 1~2 天休息、充电。这样能帮助你更高效地工作，保持专注。可以放下手机去一个地方，放松自己，清理大脑里的信息，让自己能够在下一周重新整装待发。在 21 天时间里，即便休息占用了时间，如果休息能让你一直精神头儿十足，也是十分有益的。

消除让你分心的事

技术让我们更高效的同时，也可以完全摧毁效率。如果可能的话，屏蔽掉网络，放下手机这些大规模杀伤性武器，提升自己的专注力，延长专注时间。这样做关乎整个项目的成败。这样你就可以成为无所不能的行动力忍者了！你知道该做什么了吧！

阶段 3：放松（R=Relax）！庆祝并休整

我的放松与庆祝方式

我会通过＿＿＿＿＿＿＿＿＿＿庆祝成功并享受高质量的放松时间。

我会在＿＿＿＿＿＿＿＿＿＿（日期）做这件事。

> 我决定这么做，因为_____
> _____。
>
> 为了做好休息准备，我会_____
> _____。

到这一步，真的很了不起，你值得来之不易的休息，好好庆祝吧。

现在是时候休息、放松、调整了，享受成功的喜悦，并为迎接下一个任务做好准备。

①去你的专属放松地点；
②庆祝成功！认可自己的成功；
③放松、休息，做真正让你焕然一新、成就感满满的事；
④回顾你在 21 天挑战期间的收获，总结下次如何可以做得更好。

建议

到大自然中去，远离现代生活中无数让人分心的事。当你真正与自己、与周遭真实的世界联结，不再盯着屏幕时，你会惊讶地发现这种感觉有多么棒。

找到可以让你彻底放下、休息、调整的事情，给自己时间和空间去做这件事。越感觉焕然一新,你会越开心,给予他人的也越多。

这是你的自我时间,充分享受吧。

接下来是什么?

下一个 21 天挑战了。

突破、行动、放松、重复。

成功就掌握在自己手中。

"追随你的喜乐,如此一来,你会踏上一直在等待你的道路,过上应得的生活。当你明白这个道理之后,就会遇到在你喜乐磁场中的人,他们会敞开大门迎接你。追随你的喜乐,不要畏惧,大门会在不经意间打开。追随你的喜乐,大门会只为你打开。"

——约瑟夫·坎贝尔(Joseph Campbell)

第三部分　其他有益补充

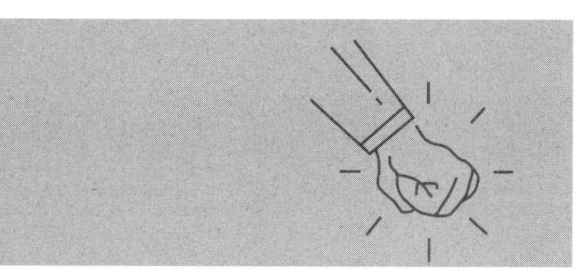

"要踏上通向目标与梦想的道路，需要胆识。留在那条路上需要勇气。二者之间的桥梁就是全情投入。"

——史提夫·马拉波利（Steve Maraboli）

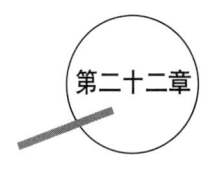

第二十二章 让行动更清晰的模板

如今,你已经很清楚要做什么了(希望如此),而且像不可阻挡的强者一样知道怎么去做了。现在只剩下开始了!我会提供额外的支持,让你的想法更容易在21天里变成现实。

获取办法

如果你想更快成为"21天挑战"的一分子,你的项目或想法需要满足如下条件。

①服从所有人的最高利益。

你的想法或目标必须是实现双赢,让所有相关人士受益,让你和世界双双变得更加美好。

②清晰。

如果你在做一个帮助别人的项目,明确项目的受益对象及方式至关重要。想法越清晰,越有针对性,结果就会越好。

注意:你也可以只为自己设计一个21天挑战,确保自己清楚这个项目如何帮助你，如何让你的生活更加美好。

③发自内心的喜悦和渴望。

确保你的想法会给你带来喜悦和幸福，能切切实实地帮助你或他人。

④重视你的项目。

你的的确确在乎项目的受益对象，在乎最大程度实现项目的初衷。你愿意克服困难完成项目，表现对项目的重视。

⑤符合道德和法律。

你要保证项目符合道德和法律标准，不会有人来找你麻烦。

21 天挑战基础模板

目标：在接下来 21 天里全情投入做的事情

我决定在_____（日期）_____ 前 _____（完成什么）_____ 。

这很重要,因为_____

_____。

愿景板

我会制作一个简单的愿景板,放在_____
_____(最容易看到的地方,来反复提醒自己)_____,将
_____(图片)_____放进去,来提醒自己。

每日事项

在接下来的21天里,我致力:

1. 每天(一天中专注力最强、效率最高的时间)做_____
(让你成功完成挑战的具体事项)。

2. 我会每天在社交网络上发表完成的事项。(让社交网络的朋友对我进行监督,以便我能坚持下去!)

3. 选做:_____。
(休整——怎样让自己每天都感觉良好?)

绝对负责：百分之百确定自己会做到，让成功成为必然

为我的 21 天结果负责

如果＿＿＿（日期）＿＿＿之前我做不到＿＿＿＿＿＿（在 21 天挑战里，实现目标）。

我会给＿＿＿＿（未能完成的惩罚）＿＿＿。这会让我的成功成为必然。

因为＿＿＿＿＿＿（如何保证你能成功？）＿＿＿＿＿＿

＿＿＿＿＿＿＿＿＿＿＿＿＿＿＿＿＿＿＿＿＿＿＿＿＿＿。

为每日事项设定负责制

为确保我每天都能果断采取行动，如果我做不到＿＿＿＿＿（每日事项）：

1. 每天在社交网络上发表完成的事项＿＿＿＿＿＿。（让社交网络上的朋友对我进行监督，以此来激发我的行动力。）

2. 选做：＿＿＿＿＿＿（每日休整活动）＿＿＿＿＿＿

＿＿＿＿＿＿＿＿＿＿＿＿＿＿＿＿＿＿＿＿＿＿＿＿。

3. 我会给＿＿＿＿（谁）＿＿＿＿（每天多少钱）。

4. 这让我的成功成为必然，因为(这会如何确保你的成功)。

毫无回旋余地的负责制

从＿＿＿＿＿＿＿＿＿＿＿＿＿＿＿＿＿＿（日期）起，我将给＿＿＿＿＿＿＿＿＿＿＿＿＿＿＿＿＿（谁）发送＿＿＿＿＿＿＿＿＿（短信、邮件、打电话或写信）告诉他／她＿＿＿＿＿＿＿＿＿＿＿＿＿＿＿＿＿＿＿＿＿＿＿＿＿＿＿＿＿＿＿（你做了什么——每日事项）。

如做不到或不报告，则＿＿＿＿＿＿（后果）给＿＿＿＿（谁）＿＿＿＿（多少钱）。

我会百分百信守承诺，确保践行，因为＿＿＿＿＿＿＿＿＿（这个承诺重要的原因），我会＿＿＿＿＿＿＿＿＿＿＿＿＿（如何百分之百对此负责，没有回旋的余地）。

额外福利：成功的有利条件

每天可以做哪些小事，让成功更容易？

1.＿＿＿＿＿＿＿＿＿＿＿＿＿＿＿＿＿＿（有利条件）

2.＿＿＿＿＿＿＿＿＿＿＿＿＿＿＿＿＿＿（有利条件）

3.＿＿＿＿＿＿＿＿＿＿＿＿＿＿＿＿＿＿（有利条件）

21 天后庆祝成功

> 我会在_____（日期）在_____
> （你会去哪里）和_____（谁一起，如果有的话）_____
> _____来庆祝成功。
> （做什么会带给你最大的喜悦，给你的 21 天挑战一个有意义的结局？）

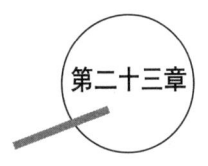

更多提高效率的强者技巧

你可以将拖延为己所用。

我为什么会写这本书？因为我其实是在拖延做其他该做的事。我做不到20%最重要的事，所以我决定还不如写这本书。

但在你叫我骗子、伪君子前，我想让你明白，实际上你是可以利用拖延来克服拖延的。

我有一个很长的待办事项清单，里面包含写几本不同的书。写书不是件容易的事。有时候，我坐在那里，咬牙切齿，局促不安，只想去娱乐放松下，逃避手上的事。不想做计划中的事时，我就会用写书作为不做的借口，这样"自我"就不会抗拒。然后，一本书就写出来了。

换句话说，无论什么时候做该做的困难任务，我们都会遭遇抗拒和逃避心理。与其浪费时间看电视或玩脚趾头，还不如用这些精力做清单上没有但是有实效的事。我一直都想写这本书，但要不是利用拖延，我无法写成。

这个强者技巧只有在你有一个清晰的重要事项清单时才有效。如果你决定不去做该做的事，而是来一场哈利·波特（Harry

Potter）电影马拉松，反复看整个系列电影，那肯定就不管用了。

我增加最后这一部分的原因就是让你明白，无论方法体系有多强大（本书的"突破"体系真的极其强大），总会有一些奇怪的不适用体系的例外，但体系本身确实是有效的。

生活不是强迫自己顺从条条框框，系统的目的是改善生活。因此，要记住，你的生活目标是什么，你想要什么。清楚自己的终极目标，不要忘记真正重要的事。你的生活目标不是成为想法、信念或生活方式的奴隶，而是反过来，它们是为你服务的。

做自己的主人。

下面留给你如下问题去思考：

- 我是谁？
- 我为什么在这里？
- 我怎样才能尽情享受生活中的每一个时刻？

我希望这些问题对你有帮助。

在此，献上我真诚的祝福与爱意。

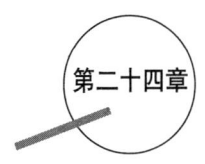

第二十四章　结语：每个人都能成为自己的效率专家

"我们怎样度过每一天，就会怎样度过一生。"

——安妮·迪拉德（Annie Dillard）

最后我想告诉你，最重要的是尽情享受生活。完成最重要的事情，过属于自己的生活，成为你注定要成为的那个人。

我希望你喜欢这本书，最重要的是，我希望你使用这些方法将精力用在对你最重要的事情上，摆脱占用你的时间、让你分心的事情，重新夺回对生活的控制权。

我可能是第一个承认把每天都过到极致并不容易的人。但不充分发挥自己的潜力，只做无足轻重的事，日子也不容易，因为这样我们每天都会很痛苦。所以，还不如去发现如何尽情享受生活，去拥抱潜能。

很多人问我，这些方法的精髓何在，有哪些关键信息值得记住？

只要做到以下这两件事，成功就属于你。

照顾好自己

一天中最重要的事情是让自己感觉元气满满、开心、自由，去实践有生命力的小仪式、想法和行为。为什么呢？因为感到有活力，才会有动力去生活、分享天赋、创造美好。

也就是说，在生活中，确保每天都会做一些赋予自己能量和动力的事情（哪怕是休息）。每个人都不同，对别人有效的不一定对你有效。因此，对自己坦诚，不断调整每日惯例事项，让自己感觉生活是属于自己的，让你每天有动力起床，去生活。对有些人来说，可能早起做瑜伽、冥想有效；对有些人来说，起床后端起一杯咖啡看日出有效；还有些人可能更喜欢去跑步。

你的每日仪式可以简单，可以复杂，关键是要让你感到有活力，感觉良好。如果你每天都能做到，生命会更有动力、更愉悦。当你感到不对劲时，做好每日仪式，其余的自然都会到来。

同时，这还意味着，有时候最该做的就是什么都不做。有时，我们只需要休息一下，远离一切。我最近休了六周假期，就是为了放松、与朋友和家人联结、冥想、睡觉。这样感觉很棒，让我更有动力进行更高难度的挑战。当感觉工作太辛苦时，你要允许自己停下来，重整旗鼓。长期来看，这样做是值得的。一直工作不是我们生活的目的。高质量的工作来自灵感。如果一直处于工作状态，灵感就不会到来。生活的诀窍是平衡好服务别人和服务自己之间的关系。如果你需要休息，那就去休息，你会很快找回状态。

专属于你的每日价值创造活动

感觉元气满满、动力十足时，你自然会想创造和分享。你有能力产出卓越的成果，每个人都有创造力。当你分享天赋，磨炼技能，为更好的服务他人提高技艺时，人生就充满了意义。

问题是永无止境的分心占据了你的时间，将你的天赋埋葬。你的任务是明确到底哪些技能和工作能带来最高价值。在每天精力最充沛的时候，专注于这些事情，全身心地投入。不惜一切代价远离让你分心的事，让自己专注下来。

我们都需要你分享最好、最闪耀的一面。每天至少投入两个小时在能带来最高价值的事情上，并不断增加做这件事的时间，直到你能够将最有价值的工作能量放在最重要的事情上。如若做到，你就会发现自己每年产出的价值将提高2~16倍，你会感到比以往任何时候都更有活力。

总的来说，专注于照顾自己，让自己感到元气满满、充满活力，然后全身心投入，去创造伟大的成果。如果每天做到这两件事，你会发现生活充满幸福、意义和动力。你会每天带着使命感醒来，带着满足感睡去。

21天挑战是一个很有趣的利用时间和享受生活的方式，运用好它你就可以专注于最重要的事情。现在你已经掌握方法了,可以适当调整计划,让整个挑战为你服务,为自己所有。

感谢你的阅读。祝你生活幸福,挑战愉快!

致　谢

没有任何事物是孤立存在的，一切伟大的想法都不会凭空产生。没有这些人们的影响，本书不可能写成。

首先，我想感谢那些让我有所成就的人。十分感谢他们多年来教给我的强大的冥想练习，这让我发生了奇迹般的变化。

在此我向他们表达我的钦佩和敬意。

感谢史蒂文·普莱斯菲尔德、约瑟夫·坎贝尔、埃本·帕根、丹·肯尼迪、理查德·科赫、丹·沙利文、乔·波兰、吉姆·洛尔和托尼·施瓦茨，提出的关于如何保持专注和实现目标的方法和见解。

感谢汤姆·卡尔森·诺尔斯、TCK 出版团队的莎拉·戴克、詹妮弗·克罗斯怀特、娜·奥乔亚、奎妮·费戈内斯。

感谢阿丽尔给予我的爱、支持与各种小主意。

感谢在过去几年,所有在我的创造旅程中,以各种方式支持过我的人们。你们在我心中始终占据很重要的位置。

爱你们的——

迈克尔